JN305193

エンデの遺言

河邑厚徳＋グループ現代

講談社＋α《プラスアルファ》文庫

文庫版まえがき

『エンデの遺言』文庫版が出るという知らせを聞き、ミヒャエル・エンデは「新刊本のかげで古いものが捨てられる時代なのに、ニッポンにはまだ希望があるね」と、うなずいてくれているような気がしています。

文庫になれば幅広い読者がこの本を手にとり、もう一度考える手がかりにしてくれるかもしれないからです。私は、この本のメッセージは古びていないと思います。最初の出版から世界の基本は少しも変わっていません。利己的な経済効率優先の旗印の下に、人は地球をくまなく利潤追求の対象としてきました。そのスピードはますます速まり、問題が広がっていますが、誰もブレーキをかけられません。ブレーキのありかも定かでないように思います。

とらわれない目で〝なぜ？〟と問う子どものように、改めて自明なことに目を向けてみる。本当の変化はそこから生まれます。代表作である『モモ』で時間を考えたエンデは、小さな人たちの未来を健《すこ》やかにしたいと願っていました。第一次大戦後のハイパーインフレに苦しんだドイツで成長し、直観と思考の末に問題の根本はお金にあると考えたのです。

今から22年前の1989年、西ドイツ・ミュンヘン（当時）で、初めてエンデと会った印象は強烈でした。

エンデに、NHKスペシャル「アインシュタイン・ロマン」の案内役を引き受けてもらうための出会いでした。取材をはじめると、エンデはあっさりと、アインシュタイン神話を否定しはじめました。私たちは、一人で相対性理論を発見したアインシュタインを憧れのスーパースターだと考えていました。

そこでエンデに同意を求めました。

「アインシュタインが原爆投下を知って『オーヴェー（ああ悲しい！）』と叫んだのは、悲痛な怒りの言葉ですね」と。

しかし、エンデはこう答えたのです。

「そうかもしれませんが、ドイツ人は財布を落としたときにも『オーヴェー』と言いますからね」

特殊相対性理論が核エネルギーを予言し、アインシュタイン自身が、核兵器開発を進めるルーズベルトへの手紙にサインした事への痛烈な皮肉でした。「科学技術は何をしてもいいのではなく、その結果に対する責任がある」。これがエンデの姿勢でした。最初は戸惑いましたが、常識はまず疑ってみるという、エンデらしい発言だと感じるようになりました。

その時、エンデが本当に考えていたのは〝お金の正体〟でした。そこで見えたことは、お金が常に成長を強制する存在であることです。科学とお金は共通点があります。現状に満足することがなく〝科学は進歩〟を、〝お金（資本）は成長〟を追い求める点です。それが誰も疑わない現代の神話です。

お金が持つ成長への強制には理由があります。時間とともに加算される利子です。時間がたてばたつほど利子は増えるので、投資されるお金はそれに見合う見返りを求めます。私は、このような金融の仕組みとともに、もう一つ成長を強制する力は〝人間の欲望〟だと思います。時間とともに膨らむ利子と欲望を推進力として、お金（マネー）は、国境を越えあらゆる分野で利潤を求めます。

経済はヒト、モノ、カネが市場や情報を通じて流動する生き物であるとよく言われます。ヒトがモノやカネを動かし雇用が生まれ、私たちの生活もその上に成り立って

限の存在です。モノは地球上の限られた資源や環境です。ヒトもモノも自然界に所属する有限の存在です。しかし、肝心のカネは、紙に印刷したり、コンピューターで取り引きされる数字として人間が作り出したものです。自然の実存から遠い存在（バーチャル）なので、時間とともに増え、永遠に価値を持つことができるのです。エンデの『はてしない物語』は、リアルな実世界がバーチャルな虚無の国に少しずつ侵食される戦いを描いています。

エンデは、経済を動かしているお金は、生き物の命を支える血液のようであるべきだと考えました。生き物の血管を流れる血液は役割を終えれば老化して、排せつ物として消えていきます。経済活動という有機体にも血液のようなお金が循環したら、いまとは全く違う世界になるはずです。そもそもお金とは何か？　お金は、人がつくりだしたものだから変えられるはずと、歴史を調べ、ゲゼルの経済学や地域通貨の存在に注目したのです。経済という天秤の一方の皿の上に有限な資源や人間、もう一つの皿に無限に増えるお金。２つは最初からアンバランスなのです。その不均衡は時間が経つごとに広がります。均衡しているように見えるのは何かが奪われて天秤の皿にのせられたからです。何が奪われたのでしょう。21世紀になってもとどまることなく進む現象にそれが表れています。失業者が増え一部の国や人だけが富を得るという地球レベルでの貧富の拡大。資源の枯渇や砂漠化など自然環境の悪化です。『モモ』の時間貯蓄銀行の寓話は、有限な時間に利子をつけ永遠に銀行に貯蓄できるという、金融錬金術のまやかしを描いています。

人々は、〝幸福〟はお金やモノでは得られないことに気づいて、新しい世界を求めていますが筋道が見えません。

「どうすればお金の支配から自由になれるのでしょうか?」

もう一度エンデの問題提起に耳を傾ける時だと思います。不均衡な天秤のバランスを戻す知恵は、例えば、

「時間とともに消えていく〝エイジング・マネー〟や、時間とともに減る利子(マイナスの利子)など……」

経済学者や政治家が考えない自由な発想を、エンデは遺言として残してくれました。読む人それぞれが、この本から希望の手がかりを見つけてほしいと思います。

2011年3月

河邑厚徳《かわむらあつのり》

プロローグ　「エンデの遺言」その深い衝撃

経済評論家　内橋克人

マネーが地域を踏みつぶす

ミヒャエル・エンデが逝《い》ってわずか2年後、世界は新興国めざして襲いかかるすさまじい「マネーの暴力」を目の当たりにした。

1997年5月からの2ヵ月間、国際投機集団ヘッジファンドとアジアの国の間でくり広げられた通貨攻防戦の最終の勝利者は、国家ではなくマネーであった。敗れたのはタイであり、それにつづくアジアの国々であり、韓国であり、危機はさらにロシアからラテンアメリカに及んだ。

のちに「血塗《ちまみ》れのバーツ」と呼ばれるに至る通貨戦争の過ぎ去ったあと、勤勉な国民の永年の蓄積と日々の営為《いとなみ》の場は打ち砕かれた。

世界をおおう金融システムとその上に乗って自己増殖しながら疾駆する「貨幣」は、人間労働の成果と自然を含む価値高い資源を、貧しい国から富める国へと移す道具となっている。

本来の役割を変えた貨幣は「利が利を生むことをもって至上とするマネー」となった。この変質する貨幣の全体が「エンデの遺言」に凝縮されている。エンデは予言している。

「今日のシステムの犠牲者は、第三世界の人びとと自然にほかなりません。このシステムが自ら機能するために、今後もそれらの人びとと自然は容赦なく搾取されつづけるでしょう」（NHK番組「エンデの遺言」より）

2000年当時、世界をめぐるマネーは300兆ドルといわれた（年間通貨取引高）。それに対し、地球上に存在する国々の国内総生産（GDP）の総計は30兆ドル。同じく世界の輸出入高は8兆ドルに過ぎなかった。

この巨大な通貨の総体はそのままコンピューターネットワークを従僕とした世界金融システムと同義であり、その世界金融システムは「商品として売買される通貨」をこそ前提としている。

そのゆえに「世界市場化」（グローバライゼーション）の本意は、自由奔放なる商品としてのマネーの襲撃から地域と社会を遮断《しゃだん》するいかなる防衛システムも機能不全に陥れるか、あるいはまたそのような防衛システム不在のバリアフリー社会を普遍化すべく、高度なノウハウを総動員しようとはかる強烈な意思のなかに見ることができる。

言葉を換えていえば、いまや世界のすべての地域と人は、そのようなマネーの暴力の前に裸で身をさらすことを余儀なくされているのである。

この奔流に歯止めをかけようとする人びとの抵抗と知恵のすべては、マネーに敗れた数多くの国家と同様、いまのところ無力である。

度重《たびかさ》なる先進国財務相・中央銀行総裁会議（G7）のコミュニケにおいて、国際金融システム改革がうたわれながら、その実効性を信じるものは少ない。瞬時に飛び跳ねる「資本移動のモニタリング（監視）」、ヘッジファンドに湯水のごとく資金をそそぎ込む金融機関のディスクロージャー（情報開示）などなど。コミュニケに盛られたような手法によって「マッド・マネー」に節度を期待するのは、遠い陽炎《かげろう》の逃げ水を追うほどの不毛性を覚悟しなければならないだろう。

IT革命（情報、通信技術のイノベーション）の急進が、そのような国際金融システム改革への提言や工夫を無力なものとし、暴力化するマネーに対抗しえる防衛システム装置化への意思はなお空《むな》しく宙に舞っている。

ミヒャエル・エンデのなした「根源的なお金の問い直し」は、以上に述べた「現実」のいっさいを怯《ひる》むことなくつかみ、正視するところから始められている。

いかなる国、社会に属そうとも、すなわち先進国に生きる者と第三世界に生きる者とを問わず、人びとの絶え間ない営為《いとなみ》は常に正当な成果へと結実されなければならず、それはまた次の世紀へと引き継ぐべき香り高い遺産でなければならない。人間存在の上にそそぐミヒャエル・エンデの本能的な優しさのゆえに、真実がエンデのほうに自ら歩み寄った、と思われる。貨幣、通貨、お金に対する問いかけの「根源的であること」はエンデにして初めて可能だったのではないだろうか。

今日、経済において「根源的」であることは、経済を対象とする経済学者によってでなく、人間にそそぐ視線の優しさに支えられた作家や思想家、また文化人類学者やその他の社会科学者によって豊かに提示される。簡潔で美しい、誰にでも理解できるエンデの言葉が、私たちを打つ。

「重要なポイントは、パン屋でパンを買う購入代金としてのお金と、株式取引所で扱われる資本としてのお金は、２つの異なる種類のお金であるという認識です」（前掲番組）

「格差」を衝いて自己増殖するマネー

マネーの自己増殖は利息・利子の超複利的運動によってもたらされる。「利が利を生む」サイクルをいっそう膨張させる金融工学的手法は、１９８０年代後半から90年代にかけて、ヘッジファンドやデリバティブ（金融派生商品）の出現に至って極点に達した。

アジアを見舞った通貨危機に先立つメキシコ・ペソの受難劇（１９９４～95年）の一部始終をエンデは見届け、そして逝ったであろう。イギリス・ポンドもまたマネーの災厄を経験している。

ヘッジファンドはそれが成り立つ条件そのもののなかに本来的に非道徳性を組み込んでいる。

いまではひろく知られるところとなっているが、それはわずかな自己資金・有価証券などを担保に金融機関から巨額の資金を引き出し、その合計額を担保にしてさらに大きく資金を借り入れる。

これをくり返せば最終的に運用可能資金はあくこともなく膨らみ、その力は容易に新興工業国の国力を凌駕《りょうが》できるであろう。梃子《てこ》（レバレッジ）の原理といわれるゆえんである。

では、そのようにして調達された巨大マネーはどう運用されるのであろうか。

実のところ、ヘッジファンドが享受してきたあまりに高い利益の源泉は、世界に存在するありとあらゆる種類の「格差」である。

規制格差、為替格差（実体経済と為替との乖離《かいり》を含む）、価格格差、税率格差、そしてなによりも貧富の格差。すなわち人びとの生活の格差なのであり、およそ国と国を隔てる「格差」あるところ、その間隙を衝《つ》いてマネーの利益チャンスは無限に広がっていく。

ふたたび思考を出発点に戻せば、それらの格差を生みだすものはそれぞれの国を隔てる経済的発展段階の相違に由来する格差にほかならず、「格差が格差を生む」構造こそが「利が利を生む」マネーの運動を可能にし、高度の利益の源泉としてマネーを支えていることがわかる。

全体として国際短期投機資金の総額が、標的とする相手市場より巨大であればあるほど、市場に与えることのできるパンチ力も強烈なものとなり、利益は膨張するのである。

いうまでもないところだが、国際社会における南北格差をはじめ、このような「格差」こそが本来、是正さるべき対象として世界の努力目標でなければならなかったはずではないだろうか。

このようにしてマネーの超複利的運動が依拠しているものは、世界の国々の不均等発展そのものであり、先に述べたように、マネーの運動がもたらすものは、貧しい国（人）から富める国（人）への資源の移転である、というのは、このような意味において明快である。

ここに微《かす》かな一端を露呈したに過ぎない〝現代版錬金術〟を前にしては、特定の経済学者らの説く「マネー効用」説（いかなるホットマネーといえども世界の資源配分に貢献しているとする）などの言説はたちまちにして色褪《いろあ》せることだろう。

すでに早く『アメリカの没落』（ドナルド・L・バーレットほか著）は21世紀初頭のアメリカにおいては、利子、配当などのキャピタルゲインのすべては上位４％の富裕層に流れ込むことになろう、と予測している。ＩＴ革命を味方とした国際金融システムがそれを加速する。

「エンデの遺言」が私たちに呼びかけるメッセージの内実はあくまで深く真摯《しんし》なものだ。

「私が考えるのは、もう一度、貨幣を実際になされた仕事やものと対応する価値として位置づけるべきだということです。そのためには現在の貨幣システムの何が問題で、何を変えなくてはならないかを皆が真剣に考えなければならないでしょう。人類がこの惑星の上で今後も生存できるかどうかを決める決定的な問いだ、と私は思って

います。非良心的な行動が褒美《ほうび》を受け、良心的に仕事をすると経済的に破滅するのがいまの経済システムです」（前掲番組）

通貨をして人間のもとに取り戻さなければならない、とエンデは説いているのである。

「地域通貨」を生みだす共生の思想

いま、求められているのは現代社会の通念を「自然な人間のあり方」を基底に据えた新しい陽光のもとに引き出し、そして根源から問い直すことである。

通貨をして交換の媒介手段、そして価値の基準という本来の機能に立ち戻らせ、「利子」を排除する新たな通貨として生みだされたのがＬＥＴＳ（Local Exchange Trading System＝地域交換取引制度）に代表される地域通貨、自由通貨、交換リングなどであり、いま急速に普及しはじめた。

意識するとしないとにかかわらず、それらは以上に述べてきたような「マネーの暴力」から地域を守る防衛装置として生みだされ、そして十分に機能している。「利が利を生む」マネーとは逆に、時の経過とともに減価していくシステムも含まれる。

「もう一つの通貨」を求めることの意義とその具体例、そして仕組みなどは本文に詳しい。ここでは共通して観察される次のような運動性の側面を指摘するにとどめよう。

・参加型経済の絆《きずな》として
素朴で自発的な交換経済が発案され、その輪のなかに市民の自由意思による参加が行われる。自由通貨の使い手は同時に生産・流通・消費の担い手である。

・市民資本の形成をめざして
地域通貨の循環がコミュニティの足腰を強靱なものとする。さまざまな仕組みが発案され、自然エネルギーなど持続可能な社会を求めて制度や施設、情報が市民の共有資産となる。

・社会的パートナーシップを理念として
通貨の受け手（財・サービスの供給側）も支払い手（需要側）も、ともに当事者として水平的な協力者の間柄となる。通貨は黒字（供給者）と赤字（需要者）に記号化されるに等しい。

このような循環においては、なによりも人びとは労働と成果の受益を等しい対価で交換することが可能となる。100の労働に対しては100の報酬を得ることができる、というふうに……。

冷戦構造崩壊後の世界をおおったのは市場競争原理至上主義のイデオロギーであった。マネーの攻撃に裸で身をさらすよう制度を改廃することがすなわち「改革」と唱えられた。地域はしばしばマネーの足下に組み敷かれた。

そのような世界に生きることを迫られるごくふつうの市民の間に、いま同時多発的に共生を求める運動が台頭している。人びとが渇望してやまない「共生セクター」の原理は、連帯であり信頼であり、そして協同である。他方の「競争セクター」は分断と対立、そして競争を原理とし、対立した人びとの間にマーケットをおく。そのような競争セクターが世界を席巻《せっけん》した。

共生セクターを望む人びとのさまざまな試みのなかで、共生セクターを真に実《じつ》あるものとするには、現行の貨幣、通貨を、そもそもの原点から問い直す必要に迫られる。

新しい通貨は共生セクターの成立基盤を強固なものとし、共生セクターはまた新たな通貨の普及をうながす。両者の相互作用を杖《つえ》としながら地域は「マネーの暴力」を防圧する。

多元的な経済社会は多元的な通貨を生みだすだろう。

「考えてみれば、経済というのはもともと人びとの生きる、働く、暮らす、を統合する存在として、生業《なりわい》として、営為《いとなみ》としてあったはずです。その原点をもう一度、考え直す。そのよすがの一つとして通貨の通念を問い直すことは、結果において大きな力を共生セクターに与え、共生セクターの実質化に道をひらくことになるのではないでしょうか」

本書の主題となったNHK番組「エンデの遺言」において私はそうコメントした。通貨にまつわる通念を根源から問い直すことはそのように多元的経済社会への道につうじる。なおも世界をおおう市場競争原理至上主義に対抗できる新たな思潮を、そこに見たいと望んでのものだ。

ミヒャエル・エンデが通貨を問い直すことで覚醒《かくせい》させたものは、明らかに次の時代を担う思潮としての、そこに生きて呼吸する人間を中心に据えた「経済」への熱烈な希求心である。

エンデの遺言——根源からお金を問うこと◎目次

第2章　エンデの蔵書から見た思索のあと　村山純子　73

第1章　エンデが考えてきたこと

河邑厚徳

お金について熱っぽく語るミヒャエル・エンデ。

1　残された一本のテープ

問題の根源は「お金」にある

すべては、ドイツの作家ミヒャエル・エンデが心を込めて語った肉声を録音した一本のテープから始まりました。

「よろしいですか……」、話が核心にふれてくると、エンデは決まって、真っ直ぐ相手の目を見ながら身を乗り出します。亡くなる1年半前の、そのときもそうでした。

「どう考えてもおかしいのは資本主義体制下の金融システムではないでしょうか。人間が生きていくことのすべて、つまり個人の価値観から世界像まで、経済活動と結びつかないものはありません。問題の根源はお金にあるのです」

1994年2月6日――。ドイツ南部バイエルン州の州都ミュンヘンの自宅で、エンデは2時間以上も尽きることなく話しつづけました。私たちはエンデの熱弁を聞くうちに、この場に録音テープしかないことを悔やみはじめていました。テレビの新番組企画を準備するための取材でしたので、カメラは用意してなかったのです。

　この時期、すでにエンデの肉体はガンによって蝕《むしば》まれていました。翌95年8月にエンデの訃報《ふほう》を聞いたとき、そのことを初めて知るとともに、ずっしりと重い課題を託されてしまったと感じました。このテーマをエンデなしにどう実現するか、途方に暮れながらも、できるだけ多くの人にこのエンデの言葉を伝えなければならないとも感じていました。とはいえ、その主張を証明する事実集めには時間がかかるだろうな、というのも正直な感想でした。

　ところが、出来事のほうが、冷戦後の世界で急激に動きだしました。１９９４年末のメキシコと95年のアルゼンチンの通貨危機、97年のアジア、そしてロシアの金融危機、98年の世界市場を賭博場と化したヘッジファンドの破綻《はたん》……などです。日本もバブル経済の宴《うたげ》以降は社会のタガがはずれ、

1994年２月の取材。このときの話が私たちにとってエンデのラストメッセージとなった。

官も民も道義上の違反行為（不祥事）が相次いでいます。社会では生存競争がむき出しになり、失業者と自殺者が戦後最悪の割合に増加しています。底なし沼にあっという間に引きずり込まれていくような不安感をもつ人は多いはずです。しかし、その一方で、地方や地域のコミュニティから、そうした資本主義の暴走に対抗する動きの芽も育ってきました。地域通貨やソーシャルバンクなどの試みです。現代社会は「お金」の病にかかっていると指摘していたエンデの予言はあたっていたのです。１９９９年５月、ずいぶん時間がかかりましたが、このテープをもとにした一本の番組をつくることができました。それは、「エンデの遺言――根源からお金を問う」と題して、放送されました。

内世界から外世界を変革する

エンデは、あらゆる機会をとらえて「すでに第三次世界大戦は始まっている」と警告していました。「それは領土や宗教をめぐるものでなく、われわれの子孫を破滅に導く時間の戦争です」と。

子孫を犠牲にしようという人は誰もいないでしょう。ですから、たとえ話として理解していました。いま私たちは、20世紀の生みだした未解決の問題を山積みにしたまです。21世紀へ歩を進めようとしています。象徴的な事例は、環境ホルモンや核廃棄物です。自らの手でつくりだしたこれらを安全処理するのは現在の科学技術では不可能だから後世で解決してくれ、というわけです。日本ではバブル後の経済再建の名目で、巨額な赤字国債が乱発され、その借金返済の重荷は子孫が負担しなければなりません。世界でも、宗教や民族の対立が激化していますが、その時々での対応に終始し、根源にさかのぼる解決を見いだしていません。解決を先送りし、辻褄《つじつま》あわせをしているだけです。

エンデは、その現実を「時間の戦争」と呼んでいるのだと私は思いました。しかし、いかに私が楽観的であるか、エンデの提言のリアルな重さを見ていないかを露呈しました。エンデは、誰よりも早く、あらゆる問題の核心として、資本主義経済が自明のこととして受け入れている金融システムに疑惑の目を向けていたのです。

ファンタジー作家であるエンデは、意表をつくたとえ話や物語の力で、目に見えない世界を、読む人それぞれに気づかせてくれました。エンデはおりにふれ語っています。

「ファンタジーとは現実から逃避したり、おとぎの国で空想的な冒険をすることではありません。ファンタジーによって、私たちはまだ見えない、将来起こる物事を眼前に思い浮かべることができるのです。私たちは一種の予言者的能力によってこれから起こることを予測し、そこから新たな基準を得なければなりません」

エンデは、人は目に見える危機には対処できるが、目に見えない危機には無力な存在であると語っています。目に見えないというよりは、解決の糸口がないような根源的な問題に対しては、気づいていても目をそむけているといったほうがよいかもしれません。さらにエンデは、かつては過去の文化や歴史を学ぶことで、現代の問題にどう対処すべきかが了解できたが、私たちがいま向き合っている「お金」の問題では、どう考えるべきかの規範が過去には何もない。したがって、未来を想定し、何が起きてくるのかを予言的に直視しなければならない、と語っています。それは、人間に与えられたイマジネーションの能力に依らなければならないということでもあります。問題解決を過去からではなく、未来から考える。それがエンデの依って立つファンタジーの力なのです。私たちは、『はてしない物語』の虚無や『モモ』の時間泥棒のイマジネーションが訴えていることをもう一度見つめ直すべきではないでしょうか。

自明のことを自明にしない

ミヒャエル・エンデとの最初の出会いは10年以上も前になります。1988年の夏、私たちはエンデにNHKスペシャル「アインシュタイン・ロマン」シリーズの案内役をお願いしました。最初は出演に乗り気ではなく、「すべりやすいスケートリンクに連れ出さないでください」といわれました。しかし、最終的に私たちの説得に応じてエンデが参加することで、番組はアインシュタインを手放しで賛美するのではなく、科学の限界や問題点を明らかにする視点ももったのです。近代ヨーロッパは、ニュートン以来、科学的真理と宗教的真理（モラル）という2つに分裂して今日に至った。アインシュタインの物理学が原子爆弾につながるのは偶然ではない。人間の意識や存在には影響されない客観的な実在から出発した物理学の帰結は人間を文字通り排除するのである、と訴えたのです。

「問題は全科学が自負する客観性なのです。私はこの客観性には異論があります。ナイーブな基本姿勢に思われます。その結論では自然科学とその一連のものが計測、計算できるものだけを現実として認めるということです。それは現実のあくまでも一部であり、もしかしたら最も重要な部分でさえないかもしれないわけです」

エンデは画家であった父、エトガー・エンデと深く結ばれています。1989年には日本で「エンデ父子展」が開かれています。エトガーは戦前、ナチスによって反社会的で退廃的とレッテルを貼られ、絵の制作を禁止されました。その期間は、エンデが6歳から16歳までの10年間にあたり、父は息子エンデと濃密な時間を過ごし、その思想と芸術を息子にそそぎ込みました。

父は「スケッチに行くからね」といい、アトリエに閉じこもりました。部屋を真っ暗にしてソファーに身を横たえ、ある「像」が意識のなかにやってくるのを待つのです。得られたイメージは何枚もの小さなカードにスケッチされて、時がくるまで放置されます。一つの作品が結晶するまでには長い長いプロセスが必要でした。こうした父の創作の一部始終に立ち会ってきたエンデは、目に見える現実や現象の奥には別の実在があるのだと素直に感じたでしょう。しかし、当時はエトガーの作品は時代の主流から遠く、理解困難で注目されるものではありませんでした。

父は、幼いエンデに、何事にも驚く心も教えました。散歩するといつも、奇妙なものを見つけてはエンデに示しました。雪が降った朝には、彫像が雪帽子をかぶっているのを指さし、「見てごらん、なんて不思議なんだ」と叫びます。エンデの思い出のなかでは、エトガーはどんな些細《ささい》なことにも感動し、驚く人でした。驚きは人間のなかにある永遠の子どもらしさ、創造の泉です。

エトガーからエンデに伝えられた精神の柱は、自明とされることを自明のものとしないで、目に見えるものの背後に思いを凝らす姿勢でした。

そのエンデが、最後まで自明とすることなく問いつづけたのが「お金」でした。

父の絵がかけられたエンデ家の居間で

エンデの取材のために、ミュンヘンへ何度も足を運びました。この地は、エンデが父や母と最も長く暮らした町です。エンデ家はミュンヘンの旧市街の中心にあるマリエン広場にほど近い場所にあります。広場は観光名所で、新ゴシック様式の新市庁舎にはドイツ最大の仕掛け時計が組み込まれていて、夏は一日に3回、冬は1回、からくり人形が時を告げる踊りと音楽を鳴り響かせます。広場の周りには、形の違う塔をもつ教会、レストランやビヤホール、高級ブティックなどの専門店が建ち並んでいて、いつも人で溢れています。マリエン広場から延びるセンドリンガー通りに入り口があるマンションの最上階がエンデの自宅でした。旧市街の建物ですから、部屋は四角い箱ではなく、周りの塔や建物に調和して天井の一部は斜めに切られていて、窓があいています。居間の壁は白く、家具も自然な木の美しさを生かしたものでした。父エトガー・エンデの絵がかけられた居間の片隅が、話を聞く定位置でした。

1989年を最初に、インタビューの機会は数えると7回も与えられました。エンデの底知れず深い教養と、語ることへの情熱に時間は瞬《また》く間に過ぎていき、手元には20時間をこえる語録が残されました。このような幸運に恵まれたのは、エンデ夫人の佐藤真理子、ミュンヘン在住の椎名知子、最初に私たちをエンデに紹介してくれた子安美知子の3人の絶妙な協力のおかげでした。

1994年2月6日のインタビューが最後でした。これは将来のテレビ番組企画のために、エンデが日頃考えている「お金」への疑問を率直に語ってくれたものです。エンデが経済学者や実業家などに具体的な取材を重ねたうえで、いつか世に問おうと考えていたことでした。

しかし、エンデは1995年8月28日にこの世を去りました。残されたテープが、私たちにとって「遺言」になってしまいました。

のちに詳しく述べますが、改めてエンデの著作を読んでみると、エンデの「お金」への問題意識はすでに『モモ』にも流れており、エンデ自身があらゆる機会をとらえ

思索にふける、ありし日のエンデ。

て、この問題をくり返し訴えてきたことがわかりました。

例えば、1980年頃にエンデはチューリヒで開かれた財界人の会議に招かれました。200人ほど経営者が集まって、一日中、経済の破局を避けるためには一年でこれこれのパーセントの成長がどうしても必要だといった議論に明け暮れていました。夕方になり、エンデは彼らの前で、『モモ』の一節を朗読することになりました。〈灰色の男たち〉のくだりです。聞き終わった企業トップたちは難しい顔をして、黙っています。どう反応したらいいのかがわからなかったのでしょう。しばらくして朗読箇所の文学的価値について議論が始まりました。お偉方がいかにもやりそうなことです。そこでエンデは、「皆さんは今日一日、未来について議論してきたわけですが、思い切って100年後の社会がどうなってほしいか自由に話し合いましょう」と提案しました。また長い沈黙が続きました。ようやくある人が「そういうおしゃべりにどういう意味があるのですか。まったくのナンセンスじゃありませんか。われわれは事実の領域にとどまるべきです。事実というのは、まさに、少なくとも年3%以上の成長がなければ、競争に生き残れなくなり、経済的に破滅するということです」と発言しました。それで終わりでした。

エンデは、この会議に出席した体験から、このような堂々めぐり的思考にとらわれているのは経営者だけではないと考えます。この堂々めぐりは、何かから目をそむけていないと不安になる証ではないでしょうか。

エンデはのちに、この経験を友人に話しています。

「出席していた経営者を刺激して想像力の大レースをやらせようというつもりもなかった。ぼくはただ、出席者のひとりひとりが、たとえ自分のためでないにしても、自分の子どもや孫のために、どんな未来像を描くのか、が知りたかっただけなんだ」

(『オリーブの森で語りあう』岩波書店)

エンデは工業国の生産と消費を貫いているのが、一種の成長の強制だと考えます。

それはどこからくるのでしょうか。ドイツ語に「犬の埋められているところ」という慣用句があります。問題の肝心要という意味ですが、エンデは成長の強制は資本主義国が共通してもっている「お金」の問題、つまりお金の発行から管理、運営、保証などを含む金融構造全体にある、との結論に達します。

それでは、エンデのラストメッセージについて詳しく紹介しましょう。

2　エンデが日本人に残した言葉

人類はこの惑星上で今後も生存できるか

エンデは日本を愛していました。ヨーロッパと同じように伝統的な文化をもち先進工業国であるという共通点から、日本人は未来の課題を話し合えるパートナーであると考えていました。また、ドイツ以外でエンデの作品がこれだけ幅広く受け入れられた国もありませんでした。ですから、理解のための共通の土壌があるはずだと考えていたのです。そこで、エンデは日本への提案をもっていました。日本は経済大国であるからには、世界に貢献すべき義務があると唱え、地球環境を人類共通の問題にした「ローマ会議」のように、経済学者や企業家の英知を集めるべく「東京会議」を組織し、金融システムを根本から問い直すべきだと考えていました。国際貢献はお金をばらまくことではなく、世界から敬意をもたれるような知的事業をこそ実現すべきだと話していました。

私たちは少しでもエンデの提案を後押ししたいと思いました。そこで、エンデとともにドキュメンタリー番組をつくり世に問いたいと考えました。その準備の第一歩がこのインタビューでした。エンデ家のいつもの場所で、ずっと取材のパートナーだった翻訳者の田村都志夫がテープを回しました。そして、2時間のエンデの提言が未来に残されたのです。

「お金をテーマにしてシリーズ番組をつくることは十分考えられます。私は貨幣の歴史から始めることを提案します。貨幣はもともと金貨や銀貨のようにそのもの自体に価値がありました。そしてルネッサンス時代にヴェネチアで始まった近代的な意味での銀行をへて、紙幣の発明まで歴史は流れ、今日ではお金とは抽象的な大きさにすぎません。紙幣すらだんだんと姿を消し、今日動かされているのはコンピューターの単位、まったく抽象的な数字といえるでしょう。しかし本格的な経済の問題は紙幣の発明とともに起こったと思います。紙幣には物的価値はなく、価値のシンボルなのです。紙幣の発明で問題が生じるのは、紙幣が好きなだけつくれるからで、金塊ならば好きなだけ増やすというわけにはいきません。金銀に不足した王様は、軍隊に給金が払えず、弱小化しました。周知のようにローマ帝国の滅亡もこのことが主な原因です。金はみんなペルシャに払われ、ペルシャ人は金持ちになりましたが、ローマ帝国はついに滅亡しました。しかし、紙幣の発明とともに事情は一変しました」

紙幣の価値は何によって担保されているのでしょうか。金本位制時代には、発行される紙幣は、物質的な価値をもつ金との関連で保証されていたはずです。しかし、国際通貨のドルは1971年のニクソン・ショックで金との絆を断ち切られ、ドルを保証する具体的なものは何もない時代に入ります。そのドルが、グローバル・スタンダードの名のもとに世界中の商取引の基準となっています。各国の通貨とドルが商品として取り引きされるマネーゲームの主役としてディーラーから注目されているのは、皆さん先刻ご承知のことです。経済学者ベルナール・リエターは、このような状態を「錨《いかり》を失ったドルが世界を漂流している」と的確に表現しています。

「紙幣を発明したのはたしか中国人だと思います。マルコ・ポーロだと記憶していますが、印刷された紙幣を中国からヴェネチアに持ち帰り、その後、徐々に銀行というものがそこから生まれました。この中国の紙幣は好きなだけ印刷できるものではなく、大きな判が押された一種の証文でした。しかし、中国人が印刷された紙幣を発明したのです。その後、紙幣はまったく別の道をたどり銀行券となりました。この銀行券というのもとても興味深いもので、私は10人の法律家に手紙を書き、法律的見地から銀行券とは何かと尋ねました。それは『法的権利』なのか、国家がそれを保証するのか。もしそうなら『お金』は経済領域に属さず、法的単位ということになります。『法的権利』なら商いの対象にはできません。しかし、そうではなく経済領域に属するものなら、それは商品といえます。10人の法律家からは10通りの返答がきました。つまり、法的に見て、銀行券とは何なのかを私たちはまるで知らないわけです。定義は一度もされませんでした。私たちは、それが何か知らないものを、日夜使っていることになります。だからこそ、『お金』は一人歩きするのです」

多くの専門家に会い、資料を集めるなかで、エンデはスイスの経済学者ビンズヴァンガーに注目しています。ビンズヴァンガーは、無限の進歩という幻想をつくりあげた近代経済は、中世の錬金術の成功したものであるというユニークな視点をもっています。彼はゲーテの『ファウスト』を現代への警鐘の書ととらえ、そこには近代経済の魅力と危険が示唆《しさ》されていると語っています（清水健次訳『金と魔術――「ファウスト」と近代経済』法政大学出版局）。

『ファウスト』の第四幕で、悪魔の力を借りて青春を取り戻したファウストは町娘グレートヒェンとの美の遍歴を終えて、いまでいう開発事業へと乗り出します。

ファウスト「支配権と所有権を獲得するのだ！ 事業がすべてだ。名声は無だ」

メフィスト「それじゃ、あなたの望みどおりにしましょう？ あなたのきまぐれの範囲をうちあけなさい」

ファウスト「わしの目は大海原にひきつけられた。（略）王者のような海を岸からしめ出し、不毛の広い湿地をせばめ、波を海の遠くに追いやる……」（『ファウスト』角川書店）

「紙幣発行が何をもたらしたのか？ 一つの実例が、ビンズヴァンガーの著書に出ています。たしかロシアのバイカル湖だったと思いますが、その湖畔の人々は紙幣がその地方に導入されるまではよい生活を送っていたというのです。日により漁の成果は異なるものの、魚を採り自宅や近所の人々の食卓に供していました。毎日売れるだけの量を採っていたのです。それが今日ではバイカル湖の、いわば最後の一匹まで採り尽くされてしまいました。どうしてそうなったかというと、ある日、紙幣が導入されたからです。それといっしょに銀行のローンもやってきて、漁師たちは、むろんローンでもっと大きな船を買い、さらに効果が高い漁法を採用しました。冷凍倉庫が建てられ、採った魚はもっと遠くまで運搬できるようになりました。そのために対岸の漁師たちも競って、さらに大きな船を買い、さらに効果が高い漁法を使い、魚を早く、たくさん採ることに努めたのです。ローンを利子つきで返すためだけでも、そうせざるをえませんでした。そのため、今日では湖に魚がいなくなりました。競争に勝つためには、相手より、より早く、より多く魚を採らなくてはなりません。しかし、湖は誰のものでもありませんから、魚が一匹もいなくなっても、誰も責任を感じません。これは一例に過ぎませんが、近代経済、なかでも貨幣経済が自然資源と調和していないことがわかります」

エンデは悪魔的な原理について語ったことがあります。それは人間のもつ霊性を否定して、人間とはあくまでも物質からできていると説き伏せる原理だというのです。人間の苦悩はつねに、一方では精神的存在であり、一方では物質的存在であることに起因しており、この緊張関係が絶え間ない苦悩をもたらします。苦悩は人間が霊性をもつ証なのです。しかし、悪魔はいつの時代も人間に「すべて忘れておしまい。もう悩み苦しまなくてもいいんだよ。苦しむのはよそう。現世から自分を解放しよう」と呼びかけます。すべてが物質的な存在だとすれば、人には苦悩も歓喜もないわけですから。

エンデは、経済は人が生活を営むための社会的行為である以上、そこには善悪やモラルの規範が含まれるべきである、と考えていました。誰でも納得できるまっとうな考え方だと思います。しかし、現実の経済活動はそうはなっていません。わかりやすい例として、経済活動の前提条件であるはずの自然資源を破壊してしまう経済システムの矛盾に、エンデは目を向けます。

「私が読んだあらゆる経済理論も、原料はそれが作業過程に入って初めて経済的要因とみなされます。換言すると、地中に眠る原油はまだ経済的要因とみなされないわけです。熱帯雨林は、それだけではまだ経済的要因ではありません。伐採され、製材されて初めて経済的要因となります。ここで問われるべきは、私たちはあたかも短期的利潤のために、おのれの畑を荒らし、土壌を不毛にしている農夫と同じことをしているのではないかということです。私たちは世界の自然資源が、資源の段階ですでに経済的要因であり、養い育てられなくてはならないことを学ばなくてはなりません。現在大きな利を得ているのは、非良心的な行動をする人たちで、件《くだん》の農夫のように短期的利潤のために、土地を破壊するような行動が利を得るのです。4年に一度は畑を休ませ、化学肥料を使わず、自然の水利を使ってという責任感の強い農夫は経済的に不利になるのです。つまり、非良心的な行動が褒美《ほうび》を受け、良心的に行動すると経済的に破滅するのがいまの経済システムです。この経済システムは、それ自体が非倫理的です。私の考えでは、その原因は今日の貨幣、つまり好きなだけ増やすことができる紙幣がいまだに仕事や物的価値の等価代償だとみなされている錯誤にあります。これはとうの昔にそうでなくなっています。貨幣は一人歩きしているのです。

重要なポイントは、パン屋でパンを買う購入代金としてのお金と、株式取引所で扱われる資本としてのお金は、2つの異なる種類のお金であるという認識です。大規模資本としてのお金は、通常マネージャーが管理して最大の利潤を生むように投資されます。そうして資本は増え、成長します。とくに先進国の資本はとどまることを知らぬかのように増えつづけ、そして世界の5分の4はますます貧しくなっていきます。というのもこの成長は無からくるのではなく、どこかがその犠牲になっているからです。そこで私が考えるのは、再度、貨幣を実際になされた労働や物的価値の等価代償として取り戻すためには、いまの貨幣システムの何を変えるべきなのか、ということです。これは人類がこの惑星上で今後も生存できるかどうかを決める決定的な問いであると、私は思っています」

いま金融システムを問い直すとき

こうした言葉は、論理的なエンデから発せられると格別の重みがあります。日常、私たちの周りに溢れている経済学や経済に関する情報のなかには、現行の金融システムの根本を問い直そうという動きはとても少ないように感じられます。しかし、その点でもエンデの死後、象徴的な出来事がありました。１９９７年のノーベル経済学賞受賞者は、デリバティブズ（金融派生商品）の価格形成理論で実績をあげたアメリカのショールズとマートン両教授でした。しかし、翌98年には、主流派である新古典派経済学を批判し、福祉や倫理的な動機づけまでも視野に入れたインド出身の経済学者アマーティア・セン教授が受賞したのです。ノーベル経済学賞の審査基準が180度転換したかのようですが、ショールズとマートン両教授が共同経営者として名を連ねていたヘッジファンドが巨大損失を出して倒産したことも配慮されたのかもしれません。アマーティア・セン教授は受賞後のインタビューで、「新古典派が事実と倫理を別のものとしてみなしていること」は批判すべきであると答えています。セン教授の原点には、少年時代にインドのベンガルで起きた大飢饉の体験があるといいます。

「私たちがいつも耳にする提案は、システム自体は変えずに、それをちょっと賢くするとか、システムがもたらす結果を少しあとにずらそうというものばかりです。でもいつか限界がきます。ですから、システム自体が破滅をもたらすものであることを認識しなければなりません。そしてその病の原因の核は何なのかを問わなければならないのです。そうするといつも行きつくところは、この金融システムです。

過去の高度な文明で、私たちの貨幣システムとまったく異なった貨幣をもっていた例は確かにあります。例えばインカ文明ではまるで違う貨幣システムをもっていましたが、同時にまったく違う価値の尺度の上に成り立った文明でした。これが金融システムの変革を考える際に直面する問題の一つなのです。現代人が、物質的な豊かさだけが人生を価値あるものにすると考えるかぎりは、ほかのことに目を向けることはできません。

いまお話ししている問題には二面あります。一つはシステムの変革で、これについて討議することはそれほど困難ではありません。もう一つの面はメンタリティの変革で、それが必要であるということです。外的な価値以外のものがとても大切であることを私たちは学ばなければなりません。このほうがシステムの変革より難しいだろうと私は思っています。

例をあげましょう。ある日、私はこの問題で、当時SPD（ドイツ社会民主党）の党首だったフォーゲル氏の個人的会合に招かれました。話が終わって彼はこういいました。

『あなたをSPDの経済評議会のメンバーにしたい。いまの話は、われわれも知っているし、われわれも考えている問題である。しかし、資本経済の変革を党綱領に取り上げたら大変なことになるだろう。誰も、労働者すらも、SPDに票を入れなくなる』

これが民主主義の短所なのです。民主主義ではいつも理性が勝利するわけではなく、近視眼的な利が勝利をおさめることも少なくありません。地中海やアルプスのバケーションができなくなるといえば、誰も票を入れません。この経済システムを変革できないのは、私たちの民主主義ともかかわっています。ですから、この問題は党綱領を通じて解決できません。政治を通じては解決できないのです。１９２０年代に考えられたように、国家が舵《かじ》をとる経済や、武力革命でこの問題は解決できません。問題の解決は経済人自身がこの問題を理解すること、それ以外に道はありません。銀行に巨大な資本が蓄積されていても、自然資源が破滅していれば何の役にも立ちませんから。経済活動を行う経済人が共同して行わなくてはなりません」

エンデは、金融システムは人間がつくりだしたものだから、変革もできるはずであり、同時に過去のさまざまな試みのなかに未来へのヒントがある、と主張しています。話は佳境に入り、エンデは一人の思想家シルビオ・ゲゼルの名前をあげました。彼の思想は、お金もあらゆる自然界の存在と同じように、年をとり最後は消えていくべきである、というものです。一見、珍説のように見えますが、この理論は実践されて大きな成果をあげたといいます。その貨幣制度を変えようとした具体的な過去の取り組みについて調べていくうちに、新古典派経済学に対抗した経済学者ケインズが、ゲゼルを評価していることを知りました。ケインズの『一般理論』（つまり『雇用・利子および貨幣の一般理論』１９３６年）に、「シルビオ・ゲゼルは不当にも誤解されている。（中略）われわれは将来の人間がマルクスの思想よりはゲゼルの思想からいっそう多くのものを学ぶであろうと考えている」という記述があったのです。

「第一次世界大戦後、レーテ共和国時代のバイエルンにシルビオ・ゲゼルという人物がいて、『お金は老化しなければならない』というテーゼを述べています。ゲゼルは、お金で買ったものは、ジャガイモにせよ靴にせよ消費されます。ジャガイモは食べられ靴は履きつぶされます。しかし、その購入に使ったお金はなくなりません。そこでは、モノとしてのお金と消費物資との間で不当競争が行われている、とゲゼルはいいます。お金自体はモノですね。売買されるのですから。しかし、お金は減ったり滅することがないものなのです。一方、本来の意味でのモノは経済プロセスのなかで消費され、なくなります。そこでゲゼルは、お金も経済プロセスの終わりにはなくなるべきであるといいます。ちょうど血液が骨髄でつくられ、循環して、その役目を果したあとに老化して排泄されるように。お金とは経済という、いわば有機的組織を循環する血液のようなものです。

このゲゼルの理論を実践し、成功した例があります。1929年の世界大恐慌後のオーストリアのヴェルグルでの話です。町は負債を抱え、失業者も多い状態でした。そこでヴェルグルの町長だったウンターグッゲンベルガーは現行の貨幣のほかに、老化するお金のシステムを導入したのです。このシステムは簡単にいえば、1ヵ月ごとに1%ずつ価値が減少するというものでした。町民は毎月1%分のスタンプを買って老化するお金に貼らなくてはならないという仕組みでした。このお金はもっていても増えないばかりか、減るので、皆がそれをすぐに使いました。つまり貯めることなく経済の輪のなかに戻したのです。お金は持ち主を変えれば変えるほど、購買力は大きくなるのです。一日に二度、持ち主を変えるマルクは、一日に一度しか持ち主を変えないマルクより購買力が大きいのです。2年後には失業者の姿が消えたといいます。お金を借りても利子を払う必要がないので、皆がお金を借りて仕事を始めたのです。町の負債もなくなりましたが、オーストリア国家が介入し、このお金は禁止されました。

この話はシルビオ・ゲゼル信奉者からよく例に引かれ、いまあるお金のシステムのなかで、二次的に導入できる証拠としてよく論じられています。このお金は時間とともに目減りするので、誰も受け取らないだろうと最初は思われましたが、皆が喜んで受け取りました」

エンデの示唆を受けて、私たちは事例を調べはじめました。驚いたことに日本にもゲゼル研究会が存在したのです。『自由経済研究』という小雑誌を発行しているこの研究会の主宰者、森野榮一氏は本書の執筆陣に加わっています。

ゲゼル理論の社会実践は、1932年にドイツ国境に近いヴェルグルで行われました。当時、人口5000人たらずの町は、400人もの失業者と、1億3000万シリングの負債を抱え、財政は破綻状態でした。そこで町は緊急救済計画として、通常貨幣とは異なった「労働証明書」なる新しいお金を発行し、町の公共事業の支払いに充てました。その結果、のちに詳述しますが、新しい雇用が生まれ失業者は職を得、経済は活気を取り戻しました。貯め込まれずにすばやく流通するお金が、経済活動を何倍にも大きくしたのです。周辺の町でもヴェルグルの成功を見て、老化するお金の採用を検討しはじめました。しかし、オーストリア政府は紙幣の発行は国の独占的な権利であるとして、町長ウンターグッゲンベルガーを国家反逆罪で起訴し、このお金を回収しました。

さて、そもそもお金とは何かをめぐって、エンデの思索はさらに展開しました。

「私は新作『ハーメルンの死の舞踏』で、お金があたかも聖なるもののように崇拝される姿を描きました。そこで誰かが『お金は神だ』とまでいいます。確かにお金には神がもつ特質がすべて備わっています。お金は人を結びつけもすれば、引き離しもします。お金は石をパンに変えることも、パンを石に変えることもできます。お金は奇跡を起こします。お金の増殖は不思議以外の何ものでもありません。それに、お金には不滅という性質まであるのですから。

すべての宗教に共通するものは、現世の存在を、彼岸の本来の存在に至る一時的なものと見ることです。その中心に宗教的なものをもたない文化はありません。古い文化の町の姿をごらんなさい。その中心にはつねに神殿や寺院や教会がありま す。今日の大都市の中心には銀行ビルがそびえ立っています。昔の永遠観念では、時間を超越した存在があると信じられていて、それが本来の存在だったのです。神殿はそれを管理しました。つまり現世と永遠なるものの接続点でした。お金もまた、永遠性をもっています。実際の物や品物は滅び朽ちるのに反し、お金は不滅なのです。今日のお金の永遠性と、その一人歩きは、本来の永遠性を徐々に追い出そうとしています。拝金主義は一種の偶像崇拝といっても差し支えないでしょう。

ヨハネ黙示録にはバビロンの記述があります。そこではバビロンは生物であると同時に大きな都市でもあるとされます。つまり文明です。バビロンは聖書には淫売行為の母と書かれています。神父はそれを性的な方向に解釈するのですが、私はまったく違うことを意味すると思っています。ここで淫売行為が意味することは、本来捧げられるべきものが売買されているということでしょう。性愛とは強制されたり、売買されるものではなく、お互いに捧げるものなのです。バビロンは売買してはいけないものが売買されていることと同義語なのです。ここで現代の世界を見渡せば、私たちはバビロンの真っ只中にいることに気づくでしょう。現代社会では芸術から宗教まで、売買の観点から見られていないものはひとつもありません。ヨハネ黙示録にはバビロンはすぐに亡びると書かれています。皆が信じられない早さで滅亡すると。

私の見るところ、現代のお金がもつ本来の問題は、お金自体が商品として売買されていることです。本来、等価代償であるべきお金が、それ自体が商品になったこと、これが決定的な問題です。そのことにおいて、貨幣というもののなかに、貨幣の本質を歪めるものが入るのではないでしょうか。これが核心の問いだと思います。もっとも、これは私の考えであって、経済学者は別意見かもしれません」

貨幣のグロテスクな自己増殖は、何かの犠牲を伴う黒魔術である、とするエンデの新作は、ドイツ中世のハーメルンの笛吹き男伝説を現代に読みかえたオペラです（佐藤真理子／子安美知子訳『ハーメルンの死の舞踏』朝日新聞社）。

このオペラは1994年秋、旧東ドイツに属するドルトムントのオペラ劇場の柿落《こけら》としで初演されました。オペラの作曲を担当したのはエンデの旧友ヒラーでした。ヒラーものちに紹介します。

エンデの文化史、思想史的な「お金」の考察はさらに続きました。

「史上存在した国家は、2つの権力グループに集約することができると思います。祭壇と王座がそれです。歴史上の国家にはつねに祭司階級があり、王の階級がありました。精神世界の管理者が祭司で、軍事力を基盤にした貴族階級が現世の支配者でした。今日でもそう考える人はいるでしょうが、この200年で従来のこの2つの要素とは性質がまるで異なる、もう一つの要素が加わったのです。それが経済生活です。工業化が始まってから、初めて第三の権力が加わったのです。この権力は祭壇や王座とはまったく異なった原理をもっています。

毎年3％の拡大を前提に成立する、いわば成長の強制は、以前の2つの権力グループには存在しない原理ですから。そして私たちはこういう言い方が許されるならば、二項対立の代わりに三項対立で考えることにまだ慣れていないといえるでしょう。これを私たちは学んでいかなければなりません」

ルドルフ・シュタイナーはエンデに大きな影響を与えた思想家です。エンデの書斎には何十冊ものシュタイナー全集がおかれ、集中的に読まれていました。シュタイナーは社会という有機体を三分節化する社会三層論を立てています。エンデの説明では、社会全体を精神と法と経済の3つの機能に分けます。そのうえで精神生活では自由が、法生活では平等が、経済では助けあいの力が基本理念であると考えるべきだというものです。この機能は、フランス革命のスローガンだった自由・平等・友愛に対応し、近代市民社会の理想でもあります。この3つの領域が基本原理に基づいて機能し、相互にバランスをとりながら関連づけられていく社会が健全だと考えられるのです。社会三層論では、経済生活を競争ではなく友愛という原理を根本にするべきだと考えているのです。

「人間は3つの異なる社会的レベルのなかで生きています。誰もが国家、法のもとの生活に属しています。生産し、消費する点では経済生活のなかで生きています。そして美術館も音楽会も文化生活の一部ですから文化生活も皆が行っていることです。この3つの『生の領域』は本質的にまったく異なるレベルです。今日の政治や社会が抱える大きな問題は、この3つがいっしょにされ、別のレベルの理想が混乱して語られていることです。

国家の使命は理想を3つとも実現することではありません。国は、法律をつくり適用しなければならない組織です。したがって、平等の理想、それも法のもとでの平等を実現することが求められています。国家は精神や経済のレベルに手出しをすべきではないのです。共産主義の最大の過ちは、国家にすべてを託してしまったことだと思います。

精神のレベルには自由の理想が無制限にあてはまります。精神はできるだけ束縛されていないことが必要だし、各人に応じて独自の形に形成されなければなりません。

経済生活の理想は友愛です。あえて私は友愛こそ近代経済に内在している掟《おきて》だと考えます。生産と需要の自由なゲームを適用させれば、〝万人の万人に対する戦い〟になり、経済的に弱い者がいつも割を食うことになります。経済生活は本質的に社会連帯的なものなのです。

では、お金はどのレベルに属すのでしょうか。お金が国家が保証する法的権利であれば、国家に属し売買できません。また、お金が経済生活に属するものならば、それは商品でありますが、友愛の理想を実現できる形にお金を近づけなければなりません。資本の自己増殖を許す金融構造が、友愛の理想を破壊してしまったのだと思います」

エンデの発言は、日本で生活する人には大きな距離を感じるものかもしれません。日本の現状は文化も経済も、官が支配しコントロールしています。経済再建と称して、私企業の金融機関に膨大な税金が投入されています。文化活動や精神活動も助成金や権威づけなどで方向づけられています。しかし、未来の社会のあり方を考えるための具体的な手がかりをエンデのその言葉に感じました。例えば、民主主義の基本にある多数決は、政治的レベルの原理です。文化や精神活動は民主主義とは別の原理である自由が最も大切な領域です。芸術は多数決でははかれません。とくにお金を考えるうえで、経済生活を貫くのが友愛の理念だという考えには、ハッとさせられました。のちに詳述しますが、多くの地域通貨やソーシャルバンクでは、人のなりわいを助け、相互に支えあう可能性がさまざまに追求されています。それらに、お金が一つの共同体を結びつける絆になる可能性を見ました。

経済評論家の内橋克人は、「多元的経済社会」というコンセプトを提示しています。つまり、利潤追求と競争を基本原理とする企業は、社会が必要なものすべてを提供できず、それとは別の連帯や協同を行動原理とする経済の営みが必要である。そうした競争セクターと共生セクターが併存するような多元的経済社会をこそ、私たちはめざすべきであるというものです。これは、グローバリズムや規制緩和による自由競争がすべてという論調への批判でもあります。

インタビューの最後に、エンデは新しい社会と経済の理想を掲げたマルクスについて、次のように語りました。

「マルクスの根本的な考えは正義です。この理念は人類が存続するかぎり、なくなることはありません。マルクスの時代には10歳にも満たない年少者が労働にかりだされることが日常茶飯事でした。炭坑の構内で連日働き、日曜だけ地上に出て太陽をおがめるといった子どもたちもいて、『日曜っ子』と呼ばれていました。時を同じくして、上流階級の人々はサロンで文化的な話をしていました。そのサロンを暖かくした石炭が、子どもたちの過酷な労働によるものだとは上品な紳士淑女は考えもしませんでした。マルクスが目のあたりにしたのは当時のそのような社会状況でした。それを批判したのは正しいことです。マルクスの功績として歴史に残ることです。しかし、それと、なぜ彼の思想がうまくいかなかったのか、ということとは別問題です。

簡単にいいますと、マルクスは個々の資本家を、国家という唯一の資本家でとって代えれば、資本主義が克服できると考えたのです。それはマルクスがもっていたヘーゲル的世界観によるものでしょう。ヘーゲルは国家を神のように敬っていましたから。マルクスの資本論を読むと、そこでマルクスが一種奇妙な幻想的姿勢で書いているのに気づきます。まず世界革命が起こる。これは起こすのではなくて、自然と起きるとマルクスは考えます。世界革命からプロレタリア独裁が起こり、そこから新しい人間が生まれる、とマルクスは書くのです。この新しい人間が無階級社会を築きます。これをマルクスは根拠づけようとせず、あたかも地平線の日の出を幻視するように書くのです。これはやはり幻視で、実際には新しい人間は生まれず、生まれたのはそれまでとまるで変わらない官僚主義でした。

マルクスの最大の誤りは資本主義を変えようとしなかったことです。マルクスがしようとしたのは資本主義を国家に委託することでした。つまり私たちが過去の70年間、双子のようにもっていたのは、民間資本主義と国家資本主義であり、どちらも資本主義であって、それ以外のシステムではなかったのです。社会主義が崩壊した原因はここにあるのでしょう」

私たちはエンデの言葉を手がかりに、世界で起きていることを見つめ、未来への道筋を考えなければなりません。エンデは最後に予言的な言葉を述べています。楽観的ではありません。エンデは、子孫にこの遺言と全作品を託したようにも思われました。

「このシステムが必然的にもたらすことがはっきり見えるようになる前に、理性と理解により、この資本主義システムが改革されるという幻想を私は抱いていません。つまり、史上よくあるように、理性が人を動かさない場合、出来事がそれを行うことになるのです。人間が引き起こす出来事がそれを行う。その出来事は、私たちの子孫がこの惑星上で暮らしていくことを難しくすると思います。彼らは私たちを呪うことでしょう。そしてそれはもっともなことなのです。私が作家としてこの点でできることは、子孫たちが私たちと同じ過ちをおかさないよう、思考し観念を生みだすことです。

個別の問題だったものがだんだんとつながりその包囲の輪を縮めてゆく。近代自然科学の問題から、社会心理、宗教、文化、経済と、問題はみな関連しています。どれか一つの問題を取り上げようとすると、他の問題も浮上して、すべての問題を同時に解決できないので困るのですが、実はそれをしなければならないのです。落城のときと同じで、どの城壁の窓から外を見ても、そこには包囲軍がすでに迫っているのです。お金は人間がつくったものです。変えることができるはずです」

3　お金への思索は『モモ』から始まっていた

エンデの生涯を貫いたテーマ

ミヒャエル・エンデは1995年8月28日にドイツのシュツットガルトの病院で息を引き取りました。真理子夫人のもとには世界中から哀悼の手紙が寄せられました。そのなかから、子安美知子は朝日新聞の追悼文で、ドイツ大統領ローマン・ヘルツォークの弔電を紹介しています。

「現在のドイツ人でエンデの本とともに成長した記憶をもたない人はいません」

彼の弔電には、戦後ドイツの国民的な作家となったエンデへの深い愛情が溢れています。

エンデの暮らしたミュンヘンの市長からの弔電には、「きわめてモラーリッシュでありながら、モラルの説教をしない人」とも表現されていました。

エンデは『M・エンデが読んだ本』（ミヒャエル・エンデ編、丘沢静也訳／岩波書店）で、こんな問いかけをしています。

「数人の人がおなじ本を読んでいるとき、読まれているのは、ほんとうにおなじ本でしょうか？」

同じ本も読み手が変われば、別の作品になってしまうというのでしょう。エンデは一冊の本は作者と読者の関係のなかで完成すると語っています。エンデは続けます。

「あなたが人生の岐路で悩んでいるとき、ちょうどぴったりの瞬間に、ちょうどぴったりの本を手にとり、ちょうどぴったりの箇所をあけ、ちょうどぴったりの答えを見つけるならば、あなたはそれを偶然だと思いますか？」

このエンデの言葉は、私個人のレベルでは偶然ではないと思っています。私の場合は、本だけではなく、たまたま観た映画や、何気なくめくった新聞からも突然（ちょうどぴったりの瞬間に）答えが見つかったり、道が開けたことがあったからです。偶然と思える本との出会いも、自分が答えを求めているから準備されたのではないでしょうか。エンデの世界中の読者はさまざまな形でエンデの本に出会い、その本からその人に応じた多様な問いかけを受けとめながら成長しました。ヘルツォークの弔電にあるように、「エンデの本とともに成長した」のです。

エンデは日頃、現代人は大人から子どもまで「この本は何をいいたいのかという質問」にとらわれてしまったと嘆いています。陳腐《ちんぷ》な決まり文句や、簡単なメッセージに置き換えることが、一冊の本を理解することだとするのは時代の偏見であり、本を読むことは豊かな体験であって、作者と読者の個別的な関係を築いていく行為だというのです。「モラーリッシュだがお説教をしない」という弔電も、このようなエンデの考えを理解した言葉のように思われます。

今回の取材を続けるうちに、エンデの本を自由に読みながら、そこから誰も気づかなかったメッセージを受けとめた読者と出会いました。エンデの代表作の『モモ』には、すでに金融システムへの疑問と問題意識が込められていたことが明らかになってきたのです。

熱烈な支持を受けた『モモ』

１９７３年に発表されたエンデ44歳の作品『モモ』は30以上の言葉に翻訳され、世界中で６００万部が発行されています。日本では76年に刊行されるとたちまち話題となり、93年には発行部数が１００万部を超えました（現在１５０万部超）。出版社ではその年に読書感想のコンクールを企画しましたが、応募者は３４１６通、年齢も80歳から小学校1年までという幅広さでした。エンデ作品が児童文学という枠を超え、幅広い年齢層の読者に読まれていることがわかりました。

ここで『モモ』を読んでいない人のために、簡単にストーリーを紹介します。

ある大きな街の古びた円形劇場に、一人の女の子がどこからともなく現れ、住みつくようになります。モモと名乗るその少女は、じっと人の話に耳を傾けるだけで、人々に自分自身を取り戻させる不思議な力をもっていました。

貧しくとも心豊かに暮らす人々の前に、ある日、〈灰色の男たち〉が現れます。時間貯蓄銀行から来たという灰色の男たちは実は、人々から時間を奪おうとする時間泥棒でした。時間を節約して時間貯蓄銀行に時間を預ければ、利子が利子を生んで、人生の何十倍もの時間をもつことができるという、言葉巧みな灰色の男たちの誘惑にのせられ、人々は余裕のない生活に追いたてられていきます。そして時間とともに、かけがえのない人生の意味までも見失っていくのです。モモは盗まれた時間を人々に取り戻すために、叡智《えいち》の象徴である不思議なカメ、カシオペイアとともに灰色の男たちとの決死の闘いに挑みます。

エンデの墓。『モモ』に出てくるカメの背中に「こわがらないで」と刻まれている。

働いても働いても、なぜ豊かにならないのか。物質的な豊かさとは裏腹に、ますます心のなかに広がる空虚感……。エンデの『モモ』は時間のほんとうの意味、ゆとりの大切さを強く訴え、世界中の多くの読者を魅了しました。

しかしエンデ自身は、ある対談のなかで、このように語っています。

「じつは『モモ』の書評などでほめられても、ひどく外面的表面的な理解しか示されていないと思うことはあるのです。みなさんがほめるには、私が『モモ』を書いたのは、現代社会でだれもが忙しくて『時間』のもてない存在になったことに注意を喚起させるためだった。あるいは、人びとのストレス状態、世の中のあわただしさを警告するためだった、というのです。
けれども、いや、いや、ちょっとちがいます、とは言いたい。私としてはもう少しさきのところまで言っているつもりなのです」（子安美知子著『エンデと語る』朝日新聞社）
エンデが『モモ』に描き込んだ「もう少しさきのところ」とは何だったのでしょうか。

『モモ』にお金への問題意識が込められていた

ドイツの経済学者ヴェルナー・オンケンは、『モモ』の寓話《ぐうわ》の裏側に現代の経済システムに対するエンデの問題提起が描き込まれているのではないかと考え、それをエンデに書き送った最初の人物です。オンケンはエンデのラストインタビューでも注目しているシルビオ・ゲゼルの埋もれていた著作を発掘し、１９８７年から10年の歳月をかけてゲゼル全集18巻を編纂《へんさん》、刊行しました。

１９８６年、エンデの『モモ』を読んだオンケンは、それには、〈時間とともに価値が減る〉というシルビオ・ゲゼルの自由貨幣の理論と、ルドルフ・シュタイナーが提唱した〈老化するお金〉というアイデアが描き込まれていると感じ、その考えを「経済学者のための『モモ』」という論文にまとめました。そして、エンデ本人に手紙を書き、自分の考えが正しいかどうか確かめたのです。エンデはすぐさま、オンケンに返事を送ってきました。

ドイツの経済学者ヴェルナー・オンケン。

「親愛なるオンケン氏へ！　お手紙とエッセイをお送りくださり、どうもありがとうございました。私の本をこれほどよく理解してくださり、とくに神秘主義と経済的な背景について理解してくださり、嬉しく思います。ところで、老化するお金という概念が私の本『モモ』の背景にあることに気づいたのはあなたが最初でした。まさにこのシュタイナーとゲゼルの考えをここ数年、私は集中的に学んでいました。同時に、先行してお金の問題が解決されなければば、われわれの文化に関するすべての問題は解決されないだろう、ということに気づいたのです」

1986年9月3日の日付のあるこのエンデの手紙を手にもち、オンケンはいいました。

「私は大喜びでした。自分の推測が正しかったし、エンデもまたお金の改革という目的のために努力していたのですから。そして論文をこの冊子『自由の問題』に発表しました。おかげで、文学への関心があり、エンデを知っている人々にもこの論文を渡すことができましたし、貨幣制度改革の理念に関する理解を呼び起こすこともできました。これによって私は、経済学者がこのテーマに興味を示してくれればいいと思っていました。『モモ』を知っている経済学者は多くても、そこに何が書かれているかに気づいていない人はたくさんいましたから。これを何人かの経済学者に送り、『エンデが経済学者だったら、いったい何をいうか見てくれ』といったのです」

オンケンの「経済学者のための『モモ』」

オンケンは『モモ』から何を読みとったのでしょうか。エンデが「私の本をこれほどよく理解してくれた」と語ったオンケンの論文「経済学者のための『モモ』」の一部を紹介します。

「マイスター・ホラとモモのこの二人の会話（以下の会話部分は『モモ』岩波書店から引用）には、理論を寄せ集めただけでは得られない、経済問題に関する深遠な真理が隠されている。モモはマイスター・ホラに『あの人たちは、いったいどうしてあんなに灰色の顔をしているの？』と尋ねる。マイスター・ホラは答える。『死んだもので、いのちをつないでいるからだよ。おまえも知っているだろう、彼らは人間の時間をぬすんで生きている。しかしこの時間は、ほんとうの持ち主から切りはなされると、文字どおり死んでしまうのだ。人間というものは、ひとりひとりがそれぞれのじぶんの時間を持っている。そしてこの時間は、ほんとうにじぶんのものであるあいだだけ、生きた時間でいられるのだよ』『じゃあ灰色の男は、人間じゃないの？』（中略）『ほんとうはいないはずのものだ』

灰色の男たちは、不正な貨幣システムの受益者にすぎない。その貨幣システムは、本来、人間に備わっているものではなく、自然界の外にあって、貨幣を〈凍結〉させる機能をもつものである。

『もし時間をぬすむことができなくなったら、どうなるの？』『そうしたら、もとの無に帰って、消滅してしまう』

換言するならば、自然に適合した貨幣システムが実現して、灰色の金利生活者たちが利子を通じて人間から時間を盗むことができなくなってしまえば、彼らは、人間存在としてではなく、不正なシステムの受益者として、〝安楽死〟（ケインズ）を受け入れなければならない。

人間に対する貨幣の権力と、貨幣を人間の奉仕者に変えた小さな女の子、モモについて書かれたミヒャエル・エンデのファンタジー小説は、完成された美をもつ文学作品といえる。まだわずかな勢力ではあるが、社会の健全化を追求する経済学者のグループに対して、文学者の国から与えられた力強い支援は、私たちにつぎのような期待を抱かせる。経済学者の国の精神の耕地は、ファンタジーに満ちたこの童話を読むことによって徐々に耕され、自然の摂理にかなった貨幣という理念が、〈きょうの国〉においても、いずれ立派な実を結ぶことになるだろう、と」（宮坂英一訳）

エンデは、作品というものは固定した読み方を一方的に強制するものではなく、読者の自由な理解が伴うことで初めて生きたものになると語っています。オンケンの読み解いた『モモ』も、オンケンにとって真実の『モモ』なのです。オンケンがゲゼル理論に注目したのは1980年代でした。エコロジー運動の高まりのなかで生まれた政党「緑の党」はゲゼル理論を研究・実践している人たちによって創設されました。その中心となったゲオルク・オットーはゲゼルの貨幣理論と土地制度改革を緑の党の基本路線の一つとしようとしたのです。その後、党の拡大とともに分裂し、オットーらは党から離れることになりましたが、このことによって、ふたたびゲゼル理論は人々に広く知られることになったのです。

オンケンも、こうしたエコロジー運動の流れのなかでゲゼル理論と出会いました。当時、オンケンは教師をめざしていましたが、ゲゼル理論を通して経済に関心をもち、新古典派経済学とマルクス主義を超えた第三の道としてゲゼル理論の研究を進めたいと考えるようになったのです。しかし、ゲゼル理論は当時、大学でも研究されることのない忘れられた経済思想でした。オンケンは、散逸していたゲゼルの著作を丹念に集めました。それが10年の歳月を経て、ゲゼル全集という形に結実したのです。

1990年代に入って、ドイツでは交換リングと呼ばれる地域通貨が市民の間に広まりはじめています。オンケンは、こうした運動を担う人々を中心に、ゲゼル理論が受け継がれ、活かされているといいます。そしてエンデの作品は、常識となった価値観やシステムを問いつづけることで、新しい意識の覚醒《かくせい》をうながしているのだと語ってくれました。

「いまやグローバル化や市場原理至上主義という名のもとに、猛スピードで社会が変化しています。社会主義もそれへ対抗できる力を失ったいまこそ、ゲゼル理論に関心をもつ人の輪が拡大することが必要です。現在の状況に即して、この思想を発展させなければなりません。中央政治的な規模で変革をなすのは無理だと思います。ですから、小規模な『交換リング』などの草の根からの運動を通して、人々の価値意識を変革させることが、今日の最大の課題ではないでしょうか」

エンデは変革を志す人々の拠りどころなのです。

第2章　エンデの蔵書から見た思索のあと

村山純子

ドイツ・ミュンヘン郊外にある国際児童図書館。

エンデの蔵書には、「お金」に関する本や資料がたくさんあった。

ミヒャエル・エンデは少年時代の思い出のつまったミュンヘンで晩年の日々を過ごしました。作品を通して、未来の社会を真に創造するファンタジーを子どもたちに手渡そうとしたエンデ。その遺志と業績を伝えるために、ミュンヘンの郊外にある国際児童図書館にはエンデ資料室が開設されています。国際児童図書館は閑静な林のなかの小さな古城を利用して、世界中の児童文学に関する資料を集め、子どもたちに開放している施設です。エンデ資料室には、エンデの作品や写真、生前に書斎で使っていた文机や戸棚、愛読していた本などが展示してあります。

この国際児童図書館のエンデ資料のなかに、エンデが収集していたお金に関する本や資料があると聞いて、図書館を訪ねました。そうした資料はエンデ資料室にではなく、地下の書庫にひっそりと保管されていました。

エンデがお金について何を学び、どのようなことを考えていたのか、残された蔵書から、たどってみましょう。

1　ハンス＝クリストフ・ビンズヴァンガー――利子が利子を生むお金の錬金術

お金の錬金術

エンデのお金に関する蔵書の一冊に、スイスの経済学者ハンス＝クリストフ・ビンズヴァンガーの『お金と成長』がありました。ビンズヴァンガーは、スイスのザンクト・ガレン大学の「エコロジー・エコノミー研究所」に籍をおく経済学の教授です。第1章でも紹介したように、エンデはビンズヴァンガーが著作のなかで、お金がお金を生む現代の貨幣経済のあり方を錬金術にたとえていることに関心をもちました。ビンズヴァンガーもエンデが同様の視点でお金の問題を作品に描いていると知って、エンデの作家活動に関心をもつようになったといいます。2人は何度か会って、お金の問題について意見を交換してきました。

スイスのザンクト・ガレン大学エコロジー・エコノミー研究所の経済学教授ハンス＝クリストフ・ビンズヴァンガー。

スイスの研究所にビンズヴァンガーを訪

ねました。お金の問題についてエンデとどのような話をしていたのですかと尋ねると、ビンズヴァンガーは一冊の本を書棚から取り出し、朗読を始めました。それは、エンデの『鏡のなかの鏡』に収められた「駅カテドラルは、灰青色の岩石からなる」の一節でした。

「『お金は万能である！』と説教師が呼びかけている。『与えたり取ったりすることにより、人びとを結びあわせる。すべてのものをすべてのものに変える。精神を物質に、物質を精神に変え、石をパンにし、無から価値をつくりだし、永遠に自己増殖し、お金は万能であり、お金は、神がわれらのもとに下った姿であり、お金は神である！　すべての者がすべての者のおかげで豊かになれば、結局すべての者が豊かになる！　そしてすべての者がすべての者の負担によって豊かになるなら、すべての者に負担がかからない！　あらゆる奇跡のなかの奇跡！　信者《グロイビガー》の方々、いったいそれらの富はどこからくるのか、とお尋ねでありましょうか？　ならばお答えしよう、富は自分自身の将来の利益からやってくるのだ、と！　将来における富じたいの有用性こそ、われわれが現在すでに享受しているものであります！　いま現在多くあればあるほど、将来の利益が大きくなり、将来の利益が大きければ大きいほど、今度は逆にいま現在多くあることになります。したがってわれわれは永遠に、われわれ自身の債権者《グロイビガー》でありながら、われわれ自身の債務者《シュルドナー》でもあるわけです。われわれはわれわれ自身に自分の罪《シュルト》・負債を赦し・譲る《フェアゲーベン》のであります、アーメン！』」（M・エンデ著、丘沢静也訳『鏡のなかの鏡―迷宮―』岩波書店）

ビンズヴァンガーは、この作品には現代の貨幣経済の問題性が描かれているといいます。実際の株式市場などでお金が自己増殖し、実質的な価値以上の価値をもってしまうこと、そして、そこに生じた豊かさはその将来的な成長、つまりそれ自身から成長していくという現象を幻想的な形で提示しているというのです。

「今日の貨幣経済に対する認識として、われわれは、お金は一種の錬金術的なものだ、という統一した見解をもっていました。お金をつくりだし、増やしていくのは、錬金術のやり方にきわめて似ています。錬金術は鉛から金をつくりだそうというものですが、ありふれた鉛を金という価値のあるものに変えていくという考えは、現代にも通じるものでしょう。通貨を印刷し、さらに利子がそれを増やしていくわけですから。そのお金が一人歩きして、自己を食いつぶすように自然環境やモラルを破壊していきます。お金を考えるとき、モラルの問題を忘れてはなりません。お金には、倫理的問題が存在するのです。

結局、将来に生じる利益をいま、われわれは価値として受け取っているのであって、将来的価値、つまり発展度が低くなれば、現在ある貨幣価値、すなわち株における貨幣価値は下がります。もちろん、そのダイナミズムがより効果的な成果を生むということ、われわれの給料が高くなったり、買いたいものがたくさん手に入るようになるという積極的な面をもっているのも事実です。これは魅力的でしょう。しかし、豊かさが存在する一方で、環境が搾取され破壊されるという否定的な面を見なければなりません。われわれは将来を〝輸入〟して、いまを生きています。そのために環境を消費し、資源を食いつぶしているのです」

未来を食いつぶすお金の正体

エンデはラストインタビューで、「重要なポイントは、パン屋でパンを買う購入代金としてのお金と、株式取引所で扱われる資本としてのお金は、2つの異なる種類のお金であるという認識です」と語っています。

エンデは、お金にはいくつもの異なった機能が与えられ、それが互いに矛盾して問題を起こしているといいます。第一にお金にはモノや労働をやりとりする交換手段としてのお機能があります。第二にお金は、財産や資産の機能ももっています。このお金は貯め込まれ、流通しないお金です。さらにお金には、銀行や株式市場を通じてやりとりされる資本の機能も与えられています。そこではお金そのものが商品となり投機の対象となります。いくらでも印刷できる紙幣、さらにはコンピューター上を飛び交う数字となったお金は、実体のないままに世界を駆けめぐっています。現代の通貨は、まったく違う機能を、同時にもたされているのです。それが日々変動しながら世界を駆けめぐり、生活や生産の場を混乱させているというのです。

錬金術的に自己増殖するお金の問題とは、まさにこのお金の資本としての機能の問題にほかなりません。ビンズヴァンガーはこの問題を解決する一つの方策として、株式会社という企業のあり方を、財団や基金といった形に変えることを提言しています。

「株式経済は重要な企業形態ですが、成長を基盤としています。この経済においては分配された利益配当が問題であり、株価が課題なのです。株式経済の利潤とは手元に戻ってくる金額であり、それをふつう再投資します。成長とは投資のことなのです。株所有者は将来的な利益向上のためにより多く出資し、さらなる利益を得ようとします。そこで問題になるのは、このような基金形態が企業の生成にとっていいものなのか、ということです。基金形態は何を生産するか、という企業目的に多くの出資をすべきです。それにより、生産がより多くの意味をもつようにする、そういうことを、いま、われわれはよく考えなくてはいけないのではないでしょうか」

エンデはこうした自己増殖するお金の問題にどのように取り組もうと考えていたのでしょうか。

「エンデは株式市場外に存在する健全な貨幣経済、あるいは自己増殖のない貨幣経済のことを本に書こうとしていました。『ハーメルンの死の舞踏』のような作品のなかでそれを暗示したり、また、ローマでエプラー（ドイツ社会民主党の政治家）と話し合いをしたり、ヴェルグルの自由貨幣の実践について述べたりしていました。しかし、最終的にはそれは書かずに終わったのです。断片として残った彼の理念とは、仕事が貨幣価値の小細工に基づいて支払われるべきではなく、生活労働に対して支払いがなされなくてはならない、つくりあげられた資本価値に応じてではなく、家族生活に何が必要かが基準になるべきだ、というものでした。これはドイツの思想家シュタイナーの考え方によるもので、仕事が品物によって判断されるのでなく、生きるための労力によって判断されることが重要視されたのです。このような考えが、彼が本を書こうとした基盤にあったようです」

エンデの遺稿「ビンの中の悪魔」

ビンズヴァンガーの話に出てきたシュタイナーについてはあとの項にゆずり、ここでオペラ『ハーメルンの死の舞踏』について少し詳しくふれておきます。

『ハーメルンの死の舞踏』は、前述したように1994年にドイツのドルトムントで初演され、日本でも邦訳が刊行されました。

中世の都市ハーメルン。その街の地下では、金持ちや市長、修道院長などの街の支配者によって密かに大王ネズミと呼ばれる怪物が崇拝されていました。大王ネズミは尻から金をひりだすたびに、死の影を生みだし、人々や自然を脅かしていました。そこに一人の男が現れ、不思議な笛の音色でネズミたちを誘いだします。彼がその報酬として要求したのは、大王ネズミ。しかし街の有力者たちがそれを手放すはずはありません。有力者たちは、街を混乱に陥れる誘惑者と男を断罪し、抹殺しようとします。一方、街を支配する修道院長はさらなる富を手に入れるため、街の子どもたちを犠牲にしようとしていました。男はそれを知り、最後の力をふりしぼって笛を吹いて子どもたちを街から逃がし、希望の地へ導きます。

エンデは有名なハーメルンの伝説の新たな解釈に挑み、金が金を生みだす資本主義の非人間的な本質を描きだそうとしたのです。

このオペラの作曲にあたった作曲家のヴィルフリート・ヒラーは、この作品においてエンデが最もこだわっていたのは「希望」であったといっています。伝説では、金貨の報酬を得られなかった笛吹き男に子どもたちは誘いだされ、カルバーリエンの山に連れていかれて殺されたとされています。エンデは笛吹き男を大人たちの腐敗した世界から子どもたちを救い出す、いわば光明を発する人物として描きます。そして、力尽きた男から子どもたちは笛を受け取り、自らの力で希望の地へ旅立っていきます。腐敗し切ったお金の世界を変革する存在として、エンデは子どもたちに希望を託したというのです。

『ハーメルンの死の舞踏』は生前に発表された、エンデの最後の作品となりました。しかし、実はエンデはもう一つ、お金をテーマとした作品に死の直前まで取り組んでいたのです。

ビンズヴァンガーは、エンデが亡くなる直前に話していたというオペラの構想について明かしてくれました。

「亡くなる2〜3ヵ月前のことです。エンデは、いまオペラを書こうとしているといっていました。スティーブンソンによって有名になった『ビンの中の悪魔』の話を題材としたオペラです。悪魔の入ったビンを手に入れた人間は、どんな願いでもかなえられるのですが、最後は地獄に堕ちるという話です。このオペラで重要な点は、この悪魔の入ったビンの持ち主は別の人間に売るとき、必ず買ったときよりも安い値段で売らなければならないという設定です。つまり、持ち主が代わるたびに、どんどん安くなりますから、最後には売ることができなくなります。それがこの作品のテーマです。より高くではなく、より安く売るという問題設定に私は大変、魅了されました。

今日では、お金は永遠に、無限にどんどん増殖する一方です。反対にゼロに近づくものは、それを何とか売り払おうという規制が働くようになる、つまり限界にぶつかるわけです。ここで人間は有限性というものに直面しなくてはならなくなります。無限性へと進もうとする今日の経済状況とは、まさに正反対の状況です。この対立こそが、エンデがこのメルヘンのなかで提示しようとした問題なのだと思います」

第1章で紹介したように、ラストインタビューでエンデは1930年代にオーストリアのヴェルグルで試みられた〈時とともに価値が減っていくお金〉についてふれています。お金は増えるものという観念にならされてしまった者にとって、お金が価値を減らしていくという事態は衝撃的です。しかし、歴史はそのお金が経済を活性化させ、多くの失業者を救うことを証明しました。

貴重な自然環境や資源を食いつぶし、自己増殖によって無限に成長しつづけようとする現代の経済システムのなかで、これまでは否定的にしかとらえられることのなかった「有限性」と「マイナス」という発想。そこにこそ、新たなる社会と経済への道筋が隠されている——エンデは遺稿を通して、そんなメッセージを私たちに託そうとしたのかもしれません。

2 マルグリット・ケネディ——現在のお金のシステムがもたらしたもの

建築家が書いたお金の本

誰もが日常、何らかの形でお金にかかわっています。しかし、私たちはどれほどお金について知っているのでしょうか。お金が足りない、お金が欲しい、働いても働いても余裕のある暮らしが得られないといったお金への「欠乏」と「渇望」の感覚、そして揺れ動く経済への根本的な「不信」など、お金についての悩みや不安を抱くことがあっても、私たちはそれがお金の何に由来するものか、あまり考えることはありません。

エンデのお金に関する蔵書の一冊『利子ともインフレとも無縁な貨幣』の著者マル

グリット・ケネディは建築家です。ドイツのハノーヴァー大学でエコロジーと都市計画を専門に研究しています。経済学者でも金融の専門家でもない彼女がこの印象的なタイトルの本を書くようになったのはなぜなのでしょうか。

ケネディは1979年から84年の5年間、西ベルリンでの国際建築博覧会（ＩＢＡ）で、エコロジー／エネルギーという研究領域を主宰していました。ここで都市空間における包括的なエコロジー・プロジェクトを計画し、実施するという経験をもち、大きな注目を浴びました。しかし、その一方で彼女は一つの大きな壁に突きあたります。

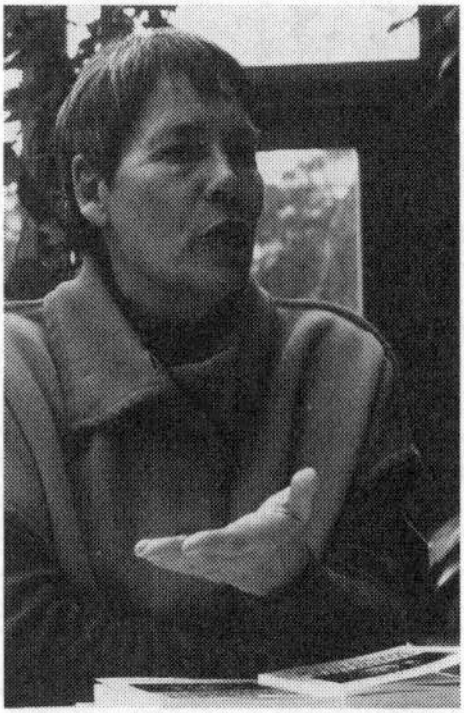

ドイツ・ハノーヴァー大学でエコロジーと都市計画を研究している建築家マルグリット・ケネディ。

「『確かにそのプロジェクトは重要であるし、美しい。しかし非経済的で採算が合わない』と、多くの人たちからいわれました。実際、エコロジー・プロジェクトを手がけてきた私の友人の多くも、失敗しています。そのプロジェクトの採算が合わないかぎり、資金が得られないからです。彼らは、それを個人的な問題としてとらえていました。しかし、それは個人的な問題ではありません」

ケネディはどのようなエコロジー上の問題も実は技術的には解決可能なのだといいます。そうした解決策を幅広く実施するための経済的な前提が欠けていること、簡単にいえばお金が足りないことが、あらゆるエコロジー・プロジェクトの障害となっているというのです。

「それで、お金のテーマに取り組みはじめました。というのも、ある日、こういうことに気づいたからです。いってみれば、木の成長はいつかは止まりますが、お金の成長は数の増大という点で果てしがなく、その2つの成長の間には、橋を渡しようのない食い違いがあります。それは、政府のプログラムによっても、人々の善意のプログラムによっても、繫《つな》がりがつけられません。そのとき、ようやく私が気づいたのは、どのようなエコロジカルな対策も、資本市場で調達した利子を支払えるものでなければならないという事実でした」

ケネディはエコロジー建築のプロジェクトが抱える経済的な問題は、たんに建築上の問題ではなく、いわば人類の生き残りがかかった経済システムそのものの問題でもあることに気がついたのです。こうして、ケネディが書いた本が『利子ともインフレとも無縁な貨幣』でした。

この本の序文でケネディはこう書いています。

「自然界および金融の世界における様々な成長モデルを知り、現代社会の病的なまでの経済成長への強制力の原因を知ったとき、私は、怒りに打ちふるえました。私は、私の四〇年あまりの人生の間、日常生活を支える基本前提の一つ、つまり貨幣システムの機能を全く知らなかったのです。至る所で、見知らぬ人も、知人達も、同僚達も、専門家達も、貨幣システムについて、かつての私と同じように無知であることを経験し、私は、お金について、読書し、議論し、そして書き始めました。このテーマは、専門家とみなされる人達だけに任せておくにはあまりに重要すぎます。公に議論され、大勢の人に理解される必要があるのです」（マルグリット・ケネディ著、今井重孝訳）

一枚の金貨の2000年後の利子

ケネディは『利子ともインフレとも無縁な貨幣』を書くにあたって、ヘルムート・クロイツをはじめとする経済学の専門家からの協力を得ました。クロイツは次章で取り上げるシルビオ・ゲゼルの自由貨幣理論を現代に受け継ぐ経済学者です。

こうした専門家の提供する数学的、統計学的データを駆使して、ケネディは利子システムの矛盾を次頁の図表1と図表2を使って、わかりやすく述べています。「曲線Aは、自然界の成長行動を単純化した形で示しています。私たちの体も、植物も動物もこの曲線に従って成長します。

曲線Bは、機械的成長ないし直線的成長を示しています。すなわち、人間が増えれば商品も増え、石炭が増えればエネルギーも増えるといった関係です。このモデルは、私たちの分析にとってあまり重要ではありません。とはいえ、このような同じ割合での増加ですら限られた容量の地球上では、維持不可能であることに留意する必要があるでしょう。

重要なのは指数的に、倍増する割合で成長する曲線Cです。この曲線は、最初の曲線Aのまさに対極をなすものです。指数的な成長を示す曲線Cは最初非常にゆっくりと経過し、やがて着実に増加して、最後はほとんど垂直な傾きの量的増加に移行します。自然界においては、こうした成長は通常、病気や死にかかわるところで見られます。例えば、癌《がん》は、指数的な成長に従います。だから、たいてい癌を発見したときは、もはや治療不可能となっています。

利子が利子を生む複利というのはまさにこの指数的な成長を示すものです。それがいかに非現実的なものであるかは、次の例でおわかりいただけると思います。

図表1　基本的な成長パターン

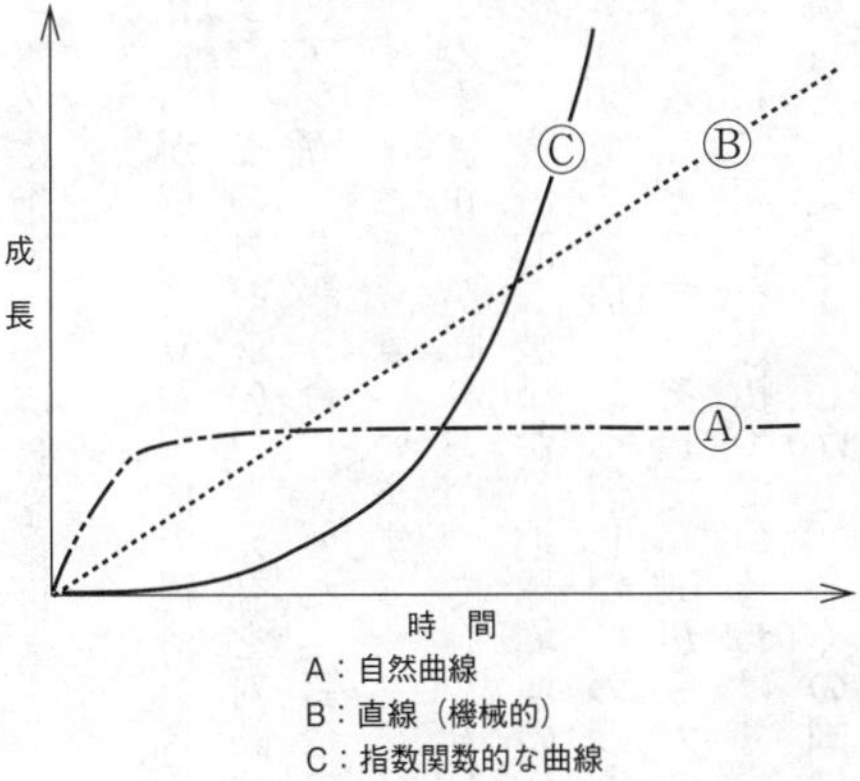

図表2　利子によって成長しつづける曲線

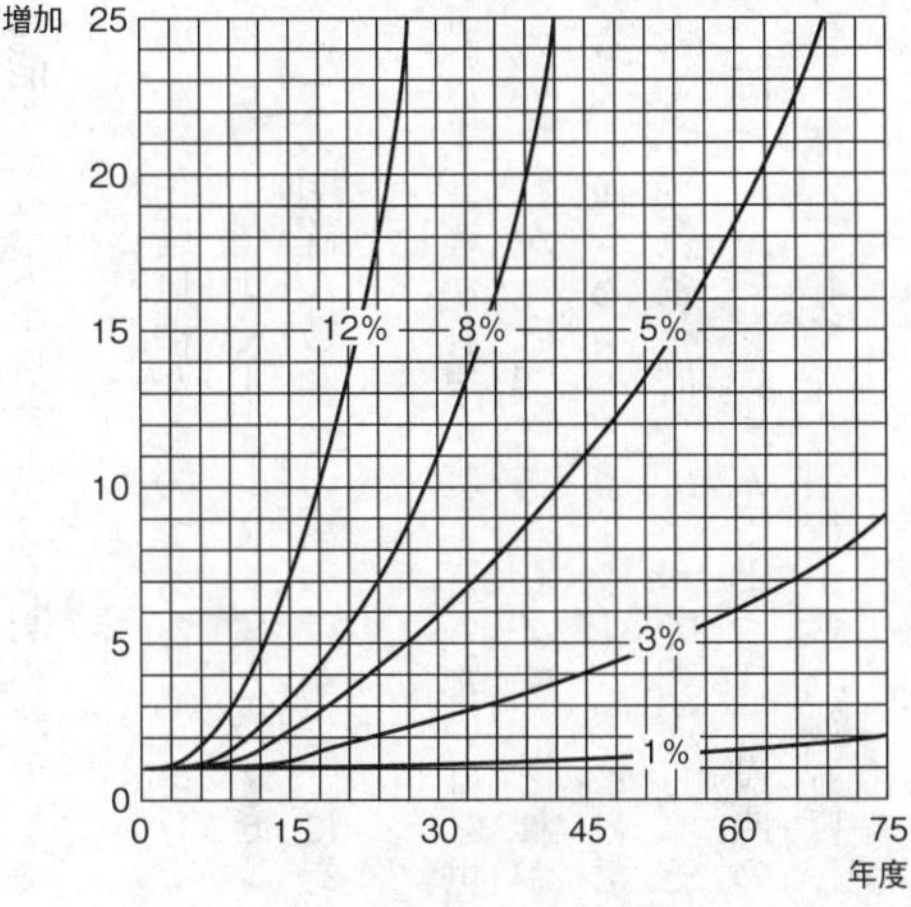

ヨゼフが息子キリストの誕生のときに、5％の利子で1プフェニヒ（1マルクの100分の1）投資したとします。そして、ヨゼフが1990年に現れたとすると、地球と同じ重さの黄金の玉を、銀行から13億4000万個、引き出すことができるので

す。永久に指数的な成長を続けることが不可能なのは火を見るよりも明らかでしょう」

私たちが依って立つ現代の経済システムがいかに荒唐無稽《こうとうむけい》なものであるか、エンデもまた、このヨゼフのたとえ話を対談やインタビューでよく引用していました。ビンズヴァンガーと語り合っていた「お金の錬金術」の明確な数学上の裏づけがここにあります。ケネディはいいます。

「このまま利子が膨れあがっていくとしたら計算上、遅かれ早かれ、だいたいは2世代後に、経済的な破滅か、地球環境の崩壊かのいずれかへと突きあたります。それが根本問題です。信じる、信じないの問題ではなく、誰でもコンピューターがあれば計算できることです。そして、国が最大の債務者です。資金を借金によって調達し、それに対して利子を支払っているわけですから。国は、このシステムによって、最悪の当事者といえます。しかも、多くの国は、今日、個人としてなら銀行から一銭も貸してもらえない局面に立ち至っています。

そして、もちろん、もう一方には資産の所有者がいます。このシステムから利益を得ているのは、ほんの一握りです。いま、アメリカでは、人口の1%が、その他の99%の人たちの合計よりも多くを所有しています。ドイツでも、遅かれ早かれそうなるでしょう。つまり、一方で、どんどん貧しくなる国があり、自然環境も奪われつづけていきます。その一方で少数の者たちが、法外な利益を吸い上げていく。それがいまの経済システムです」

安定したお金のシステムとは

ふつうの市民の生活感覚では、お金を節約し、銀行に預けることで受け取る利子はささやかなものです。一方、住宅や車を手に入れたことで払わなければならない利子には大きな負担を感じています。しかし、ケネディは私たちは借金があろうとなかろうと、この経済システムのなかで生活しているかぎり、つねに利子を支払わざるをえないような仕組みになっているのだといいます。

「たいていの人は、借金しなければ利子を支払う必要はないと信じています。しかし、私たちの支払うすべての物価に利子部分が含まれているのです。商品やサービスの提供者は、機械や建物を調達するために銀行に支払いをしなければならないわけで、銀行への支払い部分が物価に含まれているのです。あるいは、投入した自分の資本を、銀行やその他のところに投資した場合に得られたであろう利子が価格に上乗せされます。

例えば、いまのドイツでなら、1戸あたり1万8000から2万5000マルクの利子を支払っています。年収が5万6000マルクあるとすると、その30%も利子として負担していることになるのです。だから、もし利子をやめて別の有効な流通メカニズムを採用することができたら、その流通促進のために新たな負担が生じたとしても、たいていの人たちは所得が2倍になります。あるいは、現在の生活水準を維持するのに、もっと少なく働けばよくなります」

現代の経済システムは、自然と環境を破壊し、貧富の差を押し広げています。ケネディによれば、第三世界から、先進国は毎日、2億ドルの利子をもらっている計算になるといいます。この額は、「開発援助金」の2倍の額に相当します。いま2000年を機に、この第三世界の負債を帳消しにしようという運動が世界的に展開されています。これが実現すれば、どれほど多くの第三世界の人々の生活を直接的に救済することになるか、いうまでもないことでしょう。

では、この経済システムをどのように変えればよいというのでしょうか。

ケネディはこれまでの利子に代えて、利子配分に中立的な交換手段を打ち立てることを提案しています。機能を交換だけに限ったお金のシステムです。

「まず現在の段階的な利率の全体を、ゼロのレベルまで押し下げます。つまり長期の利子が0、あるいはプラスマイナス1になるようにして、現金、普通預金、短期の金利は上げるようにするのです。そうすれば、長期で預金することはできますが、数の上での成長による上乗せはありませんから、安定したお金をつくりだすことができます。

その際に重要なことは、そのシステムはお金が価値を減らさないということによって成り立っているということです。システムを保持するためには調整を行って、各銀行が、お金をもちすぎているときには、それを中央銀行に戻すことができなければなりませんし、また足りないときには、それが提供されなければなりません。

簡単にいうと、そのお金は、貨物列車の車両にたとえてもいいでしょう。貨物列車の車両は、物を運ぶところに使い道があるわけです。本来の輸送ということに車両を使用する分には、料金を支払う必要はありません。逆に、荷物を積んだままにしておくならば、当然、特別に管理料を支払わなければなりません。お金も同じで、使わないで貯めておくのは、車両に荷物を積んだままにしておくのと同じですから、管理料を取るべきなのです。貨物の車両が使われないときには、戻されます。お金の場合でいうと、中央銀行に戻されるということです。ということは、いつでも手元にあるのは、必要なだけの車両であり、それによってそれなりの分野における資産が運用されます。

このシステムならば、これまでのように必要以上にお金をもっている人が仕事もせずに金利だけで生活するということはできなくなります。そして同時にシステムに必要な経費もつくりだすことができるのです。それが解決です。身《み》も蓋《ふた》もなく単純です」

利子をなくし、安定した経済システムへ根本的に変革することは、個人のレベルでできることではありません。しかし、お金に対する意識を変えることは、いますぐにもできるはず、とケネディはいいます。自分のお金が倫理的に問題のない生産物やプロジェクトに投資されるよう心がけること、あるいは購買者として、自分が購入する生産物が環境に優しい方法で、社会に問題を引き起こさないようにつくられているかどうか、チェックすることができるはずだというのです。さらに、一つのモデル実験として地域で固有の通貨を発行・運用することを提案しています。

「現在、世界には、2000近く、ローカルな通貨システムがあります。小さな通貨単位が、いわば地域経済の安定をうながすことを助けています。こうした交換手段がドイツだけでも200ほど存在しますが、全体のお金の量から見たらささやかで、さほど重要ではありません。また、このシステムそのものが現在の経済システムを直接的に変えることもないでしょう。しかし、現実的には、大きな影響力をもつことになります。なぜなら、交換の機能だけをもった固有の通貨を、人々が実際に経験することになるのですから。そこには、いわば本質的な変革の力が根ざしています」

死と貧困を生みだす貨幣システム

インタビューの途中、ケネディが突然、涙ぐむ場面がありました。17年間、経済システムの問題に取り組んできたケネディの心に去来したものは何だったのでしょうか。

「この金融システムは、これまでのあらゆる戦争よりも、あらゆる環境の困窮よりも、あらゆる自然の災害よりも、多くの死と貧困と問題を生みだしています。このシステムは、実際、大半の戦争の根であり、大半の対立、社会崩壊の根です。なぜなら、数学的に不可能であることと実際的な必要との間で、折り合いのつかない食い違いが折り合わされているからです。

もし私が本当に、1000年もの間、世界を苦しめてきたこのお金のシステムの悲惨に心を開いたら、自殺してしまうかもしれません。私には、それをふさわしく受けとめることができません。時々、それを締め出さなければならなくなります。そうしないと、生きていけません。それは、恐ろしいものです。毎日、テレビでも、新聞でも、その爪痕が伝えられます。しかし、その原因がいまの経済システムにあることは伝えられません。もし、その真の原因を理解したなら、誰もがおかしくなるはずです。

私の希望は、若い人たちが、いかに、このシステムが自分たちの未来を壊しているかを大人以上に理解することです。そして論理的にわかったら、感情においても、直観においても、そのことをとらえることへの道筋を見いだすことです。きっと、頭でわかるでしょうし、心や情でもわかるでしょう。そうしたら、何かを変えることができます」

私たちがお金に対して抱いてきた「不満」と「不安」の源に何があるのか、それが世界に一体何をもたらしてきたのか。気づきそうで気づかなかったその現実を、ケネディは見つめつづけてきました。そしてお金のシステムを変えるということは、単にシステムの問題ではなく、私たち自身が精神的なレベルでほんとうに変わることであると強調しています。

エンデはファンタジーによって見えない未来をありありと描きだし、それを切り拓く力を人々から引き出そうとしました。ケネディは『利子ともインフレとも無縁な貨幣』という著作を通して、エンデとはまた違った方法で、私たちに、とくに未来を担う若い人々に、社会を変える道筋を示そうとしているのです。

3　ルドルフ・シュタイナー――エンデに大きなヒントを与えたもう一つの経済観

座右にあったシュタイナー全集

国際児童図書館に保管されているエンデのお金に関する蔵書や資料には、ビンズヴァンガーとケネディの著作のほかにも、次のようなものがありました。

エンデに深く影響を与えたドイツの思想家、ルドルフ・シュタイナー（撮影＝遠藤正雄）。

D・ズーア／H・ゴーシャルク『最適の流通性』、D・ズーア『付加価値なしのお金』『市場経済を資本主義から解放する』『利子とは泥棒だ』、L・トルストイ『お金とは何か』、A・スミス『わたしたちのお金の価値』、H・クロイツ／D・ズーア／W・オンケン『危機への成長？』、J・ボイス／H・ビンズヴァンガー『お金とは何か』……

これらのエンデの蔵書のタイトルを眺めていると、エンデがどのようにお金の問題に取り組もうとしていたか、その輪郭がはっきりと見えてくるようです。

ところで、エンデの経済へのアプローチを考えるときに、忘れてはならない蔵書があります。ドイツの思想家、ルドルフ・シュタイナーの著作です。

エンデがつねに座右にシュタイナー全集をおいて、おりにふれてくり返し読んでいたことは第1章でも述べました。ミュンヘンのエンデ宅を訪問し、エンデと親しく会話を交わしたことのある者ならば、誰もがエンデの口から、「ルーディーが」と親しみをこめてシュタイナーのことが語られるのを何度も耳にしたことでしょう。

エンデとシュタイナーの出会いは幼年期にさかのぼります。父エトガー・エンデは可視的な世界を描くことよりも、見えない精神世界に大きな関心をもち、シュタイナーをはじめとする東西の神秘思想の本を読み漁っていました。その父の創作姿勢に深く影響を受けたエンデは、作家となったあと、父の語りつづけた精神世界の実在とその意味をとらえかえし、自らの課題としてシュタイナーの思想に取り組むようになります。以来、エンデは、40年にわたってシュタイナーとの対話を続けてきたのです。

社会全体を問い直すシュタイナー思想

ルドルフ・シュタイナーは1861年生まれのドイツの思想家です。ヨーロッパの正統的な学問のなかで学者としての地道な研究生活をスタートさせましたが、1900年を境に精神世界について語りはじめます。目に見える物質世界の背後に、同様な客観性をもった精神世界があるというのです。その思想はアントロポゾフィー（人智学）という名で知られています。シュタイナーは内面的な認識と同時に、それと表裏一体となった形での実践を重視しました。そして、人々からの問いかけに応じる形で、さまざまな分野についての自らの考えを人々に表明してきました。それは教育・農業・建築・医学・宗教など、多岐にわたるものでした。シュタイナーによってまかれたこれらの種子は、環境破壊や精神の荒廃など、行き詰まりを見せる現代において芽を吹き、ドイツを中心としたヨーロッパで広く根づいています。なかでも教育は最も大きな成果をあげ、世界各地に800校ものシュタイナー学校が設立されています。

日本では、1971年に発表された子安美知子の『ミュンヘンの小学生』（現在は中公新書に収録）を通じてシュタイナー学校が本格的に紹介され、シュタイナーの名は人々に広く知られるようになりました。以来30年、教育だけでなく、シュタイナー独自の芸術であるオイリュトミー、農業など多岐にわたる活動が展開されています。

物質世界と精神世界が一体のものと考えるシュタイナーにおいて、教育、農業、医学などへの提言は、理念のレベルだけにとどまらず、教育方法や農法、製薬法といった具体的なアドバイスに及びました。同時に、シュタイナーはそれらを社会活動全体のなかで、どう機能させるべきかという視点をつねに語ることを忘れませんでした。第1章で紹介したシュタイナーの社会有機体三層論はそれらの分野を包括するものといえます。

お金というテーマを長年にわたって追究しつづけてきたエンデの思索に、シュタイナーの社会論が大きな影響を与えていたことは、おそらく間違いのないことでしょう。経済の問題をお金そのもののあり方から根本的に見直そうとしたプロセスも、シュタイナーとの対話からはっきりとした輪郭をとっていったのかもしれません。

ゲゼルとシュタイナーの〝エイジング・マネー〟

エンデは作家の井上ひさしとの対談（『三つの鏡』朝日新聞社）で、このように語っています。

「では、どういうふうにお金のあり方を変えたらいいかに関して、実際にいくつかの提案もなされています。特に二人の名前を挙げたいんですが、どちらも第一次大戦後すぐにそのことを言いました。一人はシルヴィオ・ゲゼルという人、彼は、お金の流れを人間の血液の流れにたとえて、お金は必要な限り流れて行くけれども、お金自身が古くなって、老化のあげく滅びていくべきだと説いています。大資本が集められたなら、そこでは次にお金は増えないでだんだん少なくなって消えていくあり方でなければいけない、と言うんです。で、この説とは別にもう一人、似た考えを公にしたのがルドルフ・シュタイナーで、やはり第一次大戦直後に『社会三層構造』という著作で唱えました」

このように、ゲゼルを語るとき、つねにエンデは同時にシュタイナーの名をあげ、その社会論にふれています。

シュタイナーは1861年生まれ、ゲゼルは1862年生まれ、それぞれ没年も1925年と1930年ですから、2人は完全に同時代を生きたといえます。

第一次世界大戦によって荒廃した1920年代、そして世界大恐慌に揺れ動いた1930年代……。混乱した社会状況を背景に、ゲゼルが時とともに価値が減る「自由貨幣」を提唱したのに対し、シュタイナーは「老化する貨幣」を提唱しました。

「健全な社会においては、貨幣は、他人の生産した財貨の『小切手』にすぎないのである。その『小切手』が、経済領域において、どのような財貨とも交換し得るのは、その小切手所有者が、社会の生産部門における労働の結果、生産物を社会に供給する責任を果たしているからである。……従って、貨幣が、生産活動の表象としての機能を失った時、同時に貨幣価値を、その所有者に対してもたなくなる方法を、講ずるべきであろう。それについては、貨幣所有権が一定の時日を経過した後、何等かの手段で、社会に還付されるようにする。生産活動に投下されるべき貨幣が死蔵されることを防ぐ意味で、改鋳や、新紙幣を発行し、旧貨幣の回収を図ることもできる」（ルドルフ・シュタイナー著、廣嶋準訓訳『社会問題の核心』人智学出版社）

次章で詳しく紹介しますが、ゲゼルの自由貨幣は、1カ月につき額面の1％にあたる費用を負担しなければ使用できなくなるという仕組みによって、流通を促進しようというお金です。それに対して、シュタイナーの老化する貨幣は、お金に25年程度の期限を設け、お金に価値の高低をつけることで、決済・融資・贈与という領域の間で自動的な調整が行われて経済がバランスを保つというものです（ルドルフ・シュタイナー著、西川隆範訳『シュタイナー経済学講座』筑摩書房）。ゲゼルとシュタイナーの提唱する貨幣は通常、経済学において「エイジング・マネー（老化貨幣）」と呼ばれ、同じ概念に立つものと考えられています。確かに、具体的な〝年の取らせ方〟に違いはあるものの、その価値は永遠に変わることがないと考えられていたお金にある種の限界をもたせようとしたこと、またお金のあり方を変えることから、経済をとらえかえそうというねらいは、2人に共通したものといえます。

ゲゼルとシュタイナーが直接的にどの程度のつながりがあったのか、詳細はわかりません。しかし、シュタイナーは著作のなかで、ゲゼルの提唱する自由経済運動（後述）について「私はこの運動に完全に同意している」と述べています（ディーター・ズーア著『老化する貨幣、貨幣理論からみたルドルフ・シュタイナーの概念』）。シュタイナーの視野のなかに、ゲゼルの理論と活動ははっきりととらえられていたようです。また、当時の自由経済運動を担った人々とシュタイナー思想の共鳴者の輪は、少なからず重なっていたともいわれています。いずれにせよ、同じ時代の課題に取り組んだ2人の経済観に大きな共通性があるのは当然のことかもしれません。そして、エンデが自らの経済観を打ちたてるにあたって、この2人の存在は欠かせないものとなっているのです。

友愛による経済とは

ラストインタビューで、エンデはこう語っています。

「私の見るところ、現代のお金がもつ本来の問題は、お金自体が商品として扱われていることです。本来、等価代償であるべきお金がそれ自体商品となったこと、これが決定的な問題だと私は思います。お金自体が売買されるのが現代です。これは許されることなのか？ そのことにおいて貨幣というもののなかに、貨幣の本質を歪めるものが入るのではないだろうか？ これが核心の問いだと思います」

なぜ、貨幣の本質を歪めている要素がまぎれこんでいても、気がつかないのでしょうか。エンデはこの理由として、シュタイナーの社会有機体三層論を引いて、次のように説明しています。

「人間は3つの異なる社会的レベルのなかで生きています。誰もが国家、法のもとの生活に属しています。生産し、消費する点では経済生活のなかで生きています。

そして美術館も音楽会も文化生活の一部ですから文化生活も皆が行っていることです。この3つの『生の領域』は本質的にまったく異なるレベルです。今日の政治や社会が抱える大きな問題は、この3つがいっしょにされ、別のレベルの理想が混乱して語られていることです。……

フランス革命のスローガンである『自由・平等・友愛』は革命前からある言葉で、もとはフリーメーソンのスローガンにほかなりません。この3つの概念は、いま話した3つのレベルに相応します。すなわち、自由は精神と文化、平等は法と政治、そして今日ではまったく奇異に聞こえるのですが、友愛は経済生活です。工業社会は誰もが他人のために仕事をしたほうが社会全体の益になると考える社会なのです。仕立て屋は自分のスーツをつくるのではなく、他人のスーツをつくり、皆が自家製パンを焼くより、パン屋が他の人のパンを焼くほうが、経済的に安上がりなのです。そうしたほうが、万人の欲求を満たすのに有利になるのです。こうして仕事は分けられます。誰もが他人のために働くことは友愛にほかなりません」

エンデが説明するように、確かに現代社会は分業によって成り立っています。また、精神と文化、法と政治がそれぞれ自由と平等という理念によってつかさどられるべきであるということにも同意できます。しかし、経済の原理が友愛であるという考え方には大きな違和感を覚えます。言葉による理念としては、分業が「他人のために働く」ことであることに同意できても、分業によって成り立っている現実の世界は、他人を踏みにじり、人と人を分断するエゴイズムに満ちています。通常、経済学では自由な市場での競争こそが経済の大前提であるとされています。経済の原理は「自由」ではないのか。私的所有を否定して国家に一括させようとした社会主義は倒壊してしまったではないか。「友愛」を原理とした経済など、ありえないユートピア思想ではないのか……。さまざまな反論が聞こえてきそうです。

しかし、「自由」を原理とした経済が世界に何をもたらしてきたか、すでに私たちはむごたらしいまでの現実を知っています。オゾン層の破壊、酸性雨、大規模な海洋汚染や温暖化などの地球規模の環境破壊。発展途上国を中心に8億もの人々がいまだに飢餓に苦しむ一方で、大量生産・大量消費・大量廃棄の飽食的生活を続ける先進国。その先進国の内部でも、ますます貧富の差が広まっていくというアンバランスな社会構造……。社会における3つのレベルとその理念の混乱が現代社会の混迷の原因であるとするエンデの説明が、まさに的を射ている証拠ではないでしょうか。

このエンデとシュタイナーの指摘に従って、例えば、私たち自身の職場における仕事ぶりを改めて振り返ってみると、法と政治、精神と文化、経済という3つのレベルがあるのがわかります。一つの仕事を共同で行う場合、そこにはそれぞれの役割やポストがあります。その職分に応じて、技術や能力を自由に、創造的に発揮することが期待されています。一方、現状においては、役割やポストによって、報酬が決まることがふつうです。しかし、どれくらいの報酬＝収入がその人の生活に必要とされているかは別問題です。もし、必要な収入が得られるように、役割やポストを交換するようなことをしたら、その仕事は成り立つでしょうか。また、ポストの順位や報酬の大きさによって発言が不当に制限されたり、優遇されることがあれば、それは決してまともな成果を生まないでしょう。しかし、こうしたことが日常的に起こっているのが、現実の職場であり仕事です。つまり、3つのレベルと原理の混同が起こっているのです。

シュタイナーは「所得と職業、報酬と労働が一つになってしまっていること」が現代の悲惨の原因とし、「同胞のために働くということと、ある決まった収入を得るということは、相互に完全に分離された二つの事柄である」としています（『職業と労働』、1908年3月12日の講演『魂と霊の認識』のうちに収録、ヴァルター・クグラー著、久松重光訳『シュタイナー　危機の時代を生きる』所載、晩成書房）。そして、「個々人が、その仕事の収益を自分の権利として要求することが少なければ少ない程、つまり彼がその収益をその共働者と分かち合うことが多ければ多い程、また彼自身の欲求が彼の業績からではなく、他者の業績から満たされることが多ければ多い程、共に働く人々のすべてを癒《いや》すものはますます大きくなっていく」というのです（『精神科学と社会問題』、1905年と1906年の文章『ウチファー・グノーシス』に収録、前同）。

この点において、分業的な生産方式をもつ社会は原理的にはエゴイズムとは相容れないはずだが、そこに現代のように特定の階級や個人のエゴイズムがもちこまれた場合、深刻な社会混乱が生じるといいます。

こうして身近な生活や仕事から押し広げて考えていくと、経済が友愛で成り立つべきというシュタイナーの主張が荒唐無稽なユートピア思想ではなく、さまざまな意味で歪んだ現代社会をとらえかえす可能性のあるものという気がしてきます。

シュタイナーの思想が現代のヨーロッパを中心に世界中で実践されていることは先に述べました。そのなかで、経済の友愛は実際にはどのような形で追求されているのでしょうか。

実は私たちは、1996年、NHK衛星第2で放送された番組「素晴らしき地球の

旅　自由の種をまく～子安美知子・フミ　シュタイナーとの25年～」のためにシュタイナー社会実践運動を取材しています。それをもとに『シュタイナーの世界』(栄光教育文化研究所)全5巻のビデオシリーズも制作しています。独特の教育方法や製薬法、農法などとともに、どのような形でシュタイナーの経済の友愛が実践されているかは一つの大きな取材テーマでした。実際に訪れたドイツのシュタイナー学校、有機農法の農場、シュタイナー医学の病院などでは、社会有機体三層論が意識的に実践され、何らかの経済的な試みが行われていました。

例えば学校においては校長をおかず、教師同士が対等な関係で学校運営にたずさわる、教師の給料や生徒の学費を自己申告に基づいて決定するといったことなどです。また企業においても、ポストによってではなく、家族構成などに基づき給料を決めるなどの独自の経営のあり方が模索されていました。現実の学校や企業、病院などが、こうした理想主義ともいえる実践を行いながら、経営をそれなりに成り立たせていることは驚くべきことでした。また、「報酬と労働の分離」を文字通り実践しようと、一つの銀行口座にそれぞれの収入を振り込み、自由に引き出して使うという実験を行っているグループもありました。

友愛による経済はそれぞれの企業や共同体のなかで、確かにそれぞれに実践されていましたが、シュタイナーが構想したような大きな社会レベルの実践にはまだ至っていないのも事実です。しかし、今回の取材でも、シュタイナー教育を実践する幼稚園で地域通貨による運営を試みているところがありました。地域通貨という新たな方法との出会いがシュタイナーの経済の友愛に新たな展開をもたらしている例といえるかもしれません。

利子を自分で決める銀行

エンデの指摘によれば、お金の機能において、現代の社会と経済に最も大きな問題をもたらしているのは、銀行や株式市場を通じてやりとりされる資本としてのお金です。シュタイナーはお金の資本としての機能をどのように考えていたのでしょうか。

シュタイナーはまず、資本はその成り立ちによって大きく2種類あり、それを明確に区別しなければならないとしています。

「純粋な生産活動によって得られる過剰収益と、優れた経営手腕によって得られた過剰収益や、それを貯蓄することで得られた貯蓄からの収入とは、区別して考える必要がある。後者の財産や収入が、まったく自由に再び生産活動に投資される場合、それは個人的な才能が生産活動を通じて、社会に寄与することになる。しかしそれは個人の全き自由である。一方、純粋な生産活動を行い、なお過剰な収益が上がった場合、それは社会に負うところであり、社会全体に還流されなければならない性質のものである。この区別は明瞭に認識される必要がある」

そして資本の機能について、「社会における『資本』の果たすべき役割というものは、個人の能力が、社会に発現すべき役割と同様でなければならない、ということをここで指摘しておく。ところで、これまでに繰り返し述べてきたように、自由な精神活動でのみ、個人の才能は、その真価を発現し、又、発達させ得るのであるが、その領域に、政治的なあるいは経済的な干渉が加えられるような社会であっても、資本活動というものは、私的な活動が許されているのである。（中略）まずもって、資本主義のもつ様々な問題点は、『資本』が、そのすべてを、社会の経済領域に完全に取り込まれてしまったところに、その原因がある。この事は、一見、奇妙な事のように思われるが、人間の自由な精神活動の下におかれた時、資本は、本来の創造的な機能を完全に果たし得る、ということなのである。『将来を確かに展望』しようとするならば、この事を銘記しなくてはならない」と述べています（ルドルフ・シュタイナー著、廣嶋準訓訳『社会問題の核心』人智学出版社）。

つまり、シュタイナーは、資本とは本来、社会的なものであり、さらなる創造的活動を担うべく、つねに投資され生かされてこそ、その本質にかなうというのです。こうした資本の考えに立つシュタイナーが、企業への投資や銀行のあり方に新たな光をあてようと考えたのは当然のことといえます。銀行については、こう述べています。

「アントロポゾフィー的な世界観の意味において、その目標やそのあり方の指針を与えられている経済的―精神的な事業を、財政の面で司る銀行に似た機関の設立が是非とも必要である。この協会が通常の銀行事業と異なるのは、それが単に金融的な観点ではなく、通常の銀行で行われているような形では一切発生することはなく、遂行されるべきである一つの作業のために考慮される実質的な観点に立って行われることが特に重要になってこよう。

つまり銀行家は、貸し手の性格を極くわずかしか持たず、それよりはむしろ健全な意味で融資しようとしている作業がどんな影響を及ぼすかを推し測り、現実的感覚を持ってその組織を軌道に乗せることができる、という事柄に精通した商人の性格をもたねばならない。その際、主に問題となるのは経済生活を健全な連帯的基礎に根づかせ、また正当な才能が一つの地位を与えられ、その地位を通じて、その才能が社会的に実りある仕方で発揮し得るように、精神生活を形造るに適した事業に融資するということである」(「三層化についての諸論文」、ヴァルター・クグラー著、久松重光訳

『シュタイナー　危機の時代を生きる』所載、晩成書房）

さまざまな社会的実践の端緒を開いたシュタイナーですが、存命中にはこうした銀行が設立されるには至りませんでした。昨今の日本の銀行などの金融機関の行状を見るとき、シュタイナーが語るこうした「銀行」のあり方はあまりにも現実とかけ離れているようにも思えます。しかし、やはりシュタイナーの思想に基づく銀行がドイツにはあるのです。前述の番組で取材したGLS銀行がそれです。経済の友愛に基づく銀行はどのようなシステムで運営されているのでしょうか。

GLS銀行はドイツの地方都市ボッフムに本店をおく正式な銀行です。贈ることと貸すための共同体という不思議な名前をもつこの銀行の特徴は、預金者が自分で投資するプロジェクトを選び、同時に自分で預金の利率を決めるという点にあります。例えば、有機農業のプロジェクトを促進したいと思えば、銀行が選定した有機農業のファンドに投資します。その際、下は無利子、つまり利率ゼロから上限は市中銀行における平均的な率まで、自分で自由に利率を設定できます。

GLS銀行のスポークスマン、シュテファン・ロットハウスはいいます。

「私たちが預金者に支払う最高額は通常の銀行の利子ですが、それを望むか、あるいはそれより少なくていいかは預金者自身が決めます。それで、ここの預金者のほぼ3

分の1が少ない利子か無利子を選びます。そのおかげで私たちは通常よりも好条件でプロジェクトへの融資ができます」

自分の所有するお金を少しでも増やすために、これまで人々は少しでも利率のいい銀行に預金しようとし、また儲かりそうな企業の株を買い求めようとしてきました。銀行もより利潤をあげるであろう事業に融資し、その事業が社会にどんな影響をもつのか、ほとんど考慮しませんでした。それがいま、利潤の大きさを融資の第一の基準とするのではなく、社会的に意味のある事業に資金を差し出そうという銀行が現れ、その銀行に多くの人が利子が少なくても預金しようというのです。

GLS銀行は、1996年の段階で、2億マルクの黒字を計上し、過去3年間の平均成長率は17～20%でした。1万人を超える預金者は、必ずしもシュタイナー思想の共鳴者に限りません。大量消費・大量廃棄の社会に疑問を感じる人たち、自然エネルギーの開発や有機農法の普及に関心をもつ人たち、子どもたちを健全に育む新たな学校づくりなどに共感する人たちが、GLS銀行に預金をしています。同様のシステムをもつ銀行はフランス、オランダ、スイス、ノルウェー、スウェーデンなどに広がり、10行を数えます。

また、ドイツにはやはり、社会福祉やエコロジーに関するプロジェクトに特化して融資するエコバンクという銀行があり、広く市民の支持を集めています。ドイツだけでなく、世界的にも、こうした志向の銀行は徐々に広まっており、「ソーシャルバンク」と呼ばれています。預金者が自分たちの利益を第一義に考えるのではなく、社会や環境への貢献という大きな尺度で自分の資産を考えるという意識が、ドイツをはじめとするヨーロッパの市民の間ではすでに広く一般化しているのです。

エンデがシュタイナーの著作を読みながら、GLS銀行をはじめとする、そうした銀行の新たな潮流を視野に入れていたのは間違いないでしょう。それらの活動においては必ずしも、一様にエンデが指摘したような利子システムの矛盾が意識されているわけではありません。多くは現行の普通通貨と利子システムのなかでの活動を行っています。しかし、こうした社会的、倫理的な投資を通して、これまでお金を所有する者に当然、与えられる絶対的権利とみなされていた利子を、人々は社会に対する自らの意志を表明する手段の一つとしてとらえかえすようになりました。シュタイナーの経済の友愛という考え方は現代において、GLS銀行をはじめとしたソーシャルバンクの活動を通して、広く市民に受け入れられているといえるかもしれません。

第3章　忘れられた思想家シルビオ・ゲゼル
——老化するお金の理論とその実践の歩み

森野榮一

現代によみがえる思想家シルビオ・ゲゼル。

1 新たなミレニアムを前にして

ケインズの予言

新しいミレニアムを迎えました。

これまでの1000年は、「煉獄《れんごく》」であったという人もいます。とくに20世紀は戦争と革命、数多くの死者と悲嘆、絶望に彩られていました。うめき声は人間からばかりでなく地球環境自体からさえ発せられるに至っています。異常気象、土壌流出などで傷《いた》んだこの惑星の上で、60億の人間の半数が栄養失調に苦しみながら生活している反面、たった6％の人間が地球上の富の59％を独り占めにしています。発展途上国の累積債務は2000億ドルにものぼり、国連の調査によれば、その債務返済に充てられている資金がこうした国の保健衛生や教育に使われるだけで、年間700万人の子どもたちの命が救われるといいます。果たして、人はふたたび、これからのミレニアムにおいて、「1000年の煉獄」をくり返すのでしょうか。

ここに一つの予言があります。それは第二次大戦に先立つ、革命と危機の時代に、ケインズが『雇用・利子および貨幣の一般理論』のなかで書いているものです。この書物は経済学を学んだ者なら誰でも一度は手にしたことでしょう。そこに、次のような文言があるのです。

「シルビオ・ゲゼルは不当にも誤解されている。彼の著作には深く鋭い洞察力のもつ明晰さが含まれており……われわれは将来の人間がマルクスの思想よりはゲゼルの思想からいっそう多くのものを学ぶであろうと考えている。『自然的経済秩序』の序文を読む読者は、ゲゼルのもつ道徳的価値を評価できるであろう。われわれの見解ではこの序文のなかにこそ、マルクス主義に対する回答が見いだされるべきである」

20世紀、資本主義のもたらす災厄を人は見、これを解決するのはマルクスの思想であると考えた人も多かったわけですが、その顚末《てんまつ》は人の見てきたところです。ここで、ケインズは30年代という危機の時代に、将来の人間が学ぶべき人物としてマルクスよりもシルビオ・ゲゼルの名をあげています。マルクスから学んできた私たちは、いまもう一人の人物に出会うことで前に進めるのかもしれません。

しかし、シルビオ・ゲゼルとは、一体どんな人物だったのでしょうか。どうしてこれまで知られることなくきたのでしょうか。ケインズのような才能が示唆しているのに、なにゆえ封印されたままだったのでしょうか。

もちろん、経済学の専門家なら知っています。スタンプ貨幣（日付貨幣、消滅貨幣）の提唱者としてです。この貨幣は使わずに保有しているとお金としての値打ちが減っていく、そうした貨幣です。つまり貯め込むことができないお金です。でも、これは奇妙な異端説と受けとられ、さしたる注意もひきませんでした。ですから、スタンプ貨幣といわれて知っている人は少ないはずです。しかし私たちがいまもっているお金のシステムは借り入れるとプラスの利子のつくものです。これが社会や環境に与えている負荷はたいへんなものです。これをゲゼルは問題視しました。

事情が変わってきたのは、80年代にドイツで緑の党が躍進を示してからです。社会や環境に負荷を与えるシステムに対する人の見方も変わってきました。そうしたなか、ドイツの環境経済学者ヴェルナー・オンケンによるゲゼル全集の編纂と刊行が始まりました。20歳ほど歳の離れたゲゼルの親しい友人であったアルバート・アインシュタインが「私はシルビオ・ゲゼルの光り輝く文体に熱中した……貯め込むことができない貨幣の創出は別の基本形態をもった所有制度に私たちを導くであろう」と評したゲゼルの思想に、私たちもふれることができるようになったのです。

ゲゼルの生い立ち

ゲゼルは1862年3月17日、当時、ドイツ帝国の一部で、第一次大戦後ベルギーに割譲されたライン地方のマルメディ近郊のセント・ヴィートで生まれています。そこはフランス文化とドイツ文化が融合する国境地域でした。彼の父親はドイツ人でプロテスタント、会計局の役人、母親はワロン人（フランス語をしゃべるベルギー人）で、教師でした。9人兄弟の7番目で、小さい頃から家のなかではフランス語、外に出るとドイツ語という環境のなか、年長の兄弟からはスペイン語を教わったりして、多様な文化の影響のなかで育つことになります。並はずれて頑健であるとともに、非常に利発で、知人たちとの会食の際には必ず紹介され、注目される少年でした。家庭環境は食事や就寝前に必ず祈りを捧げるような宗教的色彩の強いものでした。しかし、彼は2人の姉妹がカトリックの修道院に入ったのとは対照的に自由奔放に育ちました。16歳でギムナジウムを修了すると、父親の、自分と同じように公務に就かせたいとの希望に従って郵政職員となります。退屈な公務は彼の気に入らなかったようですが、勉学にいそしむには最適でした。しかし、3ヵ月で退職してしまいます。すでに年長の兄弟が2人、ベルリンに出ていましたので、彼らと歯科用の医療器具を扱う店をオラーニエン・ブルガー通りに開きます。その後、語学力を生かして、ある会社の通信員としてスペインのマラガに赴きますが、ほどなく軍役に服す時期がきました。当時、大学の入学試験に合格すると軍役を短縮できました。彼は試験に通り、わずか1年の衛兵勤務で済みました。自由奔放なゲゼルにとって兵営はおぞましく、軍服という強制着は苦痛でしかありませんでした。兵役を終えたゲゼルはアンナシュヴァイクで、のちに妻となるアンナ・ベットガーと知り合います。ここで機械メーカーの通信員の仕事を得ますが、自ら独自の生き方をしようと決心します。

1886年、アルゼンチン行きの船に彼の姿がありました。荷物にはベルリンで兄のパウルが製造した歯科治療器具が詰まっています。ブエノスアイレスに着いたゲゼルはなんとか部屋を見つけますが、ベッドも何もありません。彼は部屋にあった机の上で寝起きし、毎日毎日、歯科医を訪ねて回りました。意外に売れ行きはよかったようです。ほどなくして店をもち、商売は順調でした。そこに婚約者のアンナがやってきます。彼らは教会で結婚式を挙げることを好みませんでした。隣国のウルグアイに行き、通りすがりの2人に戸籍役場での立会人を頼み、届けを済ませました。生活はいたって順調、幸福な結婚生活でした。

ドイツ系アルゼンチン人として

1900年のスイス移住まで続く彼のアルゼンチンでの生活は、その生涯を方向づけるのに決定的なものでした。この24歳から38歳までの間にゲゼルは自らのキャリアを形成し、いわばゲゼルになったともいえます。つまりゲゼル理論はこの時期に形づくられたのですが、ふつうの商業者がそうなっていくについてはアルゼンチンにおける金融の歴史に関連づけてみる必要があります。

「私の知るところでは、ゲゼルはふつうの若者のように貨幣問題について考えていなかった。ただ、彼の実業家、輸出入業者、製造業者としての能力がインフレとデフレをくり返すアルゼンチンの金融混乱とその為替相場への影響に直面し、これについて熟慮するきっかけになった」（米国のゲゼル支持者ヒューゴ・フェーク）からです。

彼はアルゼンチンで、実業家として、直接、その時代の金融上の変転に巻き込まれました。とくに輸入業者として、国内の不換通貨に対する金価格の変動に由来する国際為替相場の暴力的な攪乱《かくらん》という、その時代に特有の病いに最も苦しめられる経済部門に関係していました。それに、政府の通貨政策も、当時の南米諸国の例にもれず悪名高いもので、混乱した通貨政策はインフレとデフレをくり返し、国民生活を破壊しつづけていました。そうした状況のなかでゲゼルは、初めて社会改革家としてのアイデアを獲得していくことになります。

彼の探求がどれほどのものであったのか、単なる通貨問題の水準を超えていたことは、彼の最初の著作『社会的国家への架け橋としての通貨改革』という表題からもうかがえます。あるべき通貨制度は何かを考えることは、あるべき社会秩序を探求することでもあったのです。その社会秩序に至る実践上の方法として貨幣システムがとらえかえされます。つまり、あるべき貨幣（自由貨幣）はあるべき社会秩序につながらざるをえなかったのです。人は処女作に帰るともいわれますが、ゲゼルの場合も、のちの彼の理論の基本的要素がすでに表明されているといわれています。つまりそこでは、インフレ時に貨幣購買力の安定を保証する手法としての指数通貨と経済危機をもたらす貨幣保蔵を防止する自由貨幣の観念が確立されているのです。これ以降、彼の人生は、その理論の内容をより完全化することと、現実に適用しようとする実際の取り組みに捧げられることになります。

数年後、彼は『事態の本質』『貨幣の国有化』を相次いで刊行し、国民生活において貨幣の問題がいかに重要かを訴えていきます。１８９７年には、『現代商業の要請に応える貨幣の適用とその管理』を著します。そこで彼は自由貨幣の適用方法や実業家にとっての貨幣の知識の重要性を説くことになります。

しかし、反応はほとんどなかったようです。そうこうしているうちに、事業のほうは、大変な困難があったにもかかわらず成功し、堂々たる地位を築いてしまいました。それが彼の豊富な経済知識によるものであったことはもちろんです。

当時のアルゼンチン経済の経緯を大まかに見てみますと、荒々しい経済変動がその特徴です。1890年までは投機による経済好況が続き、それから経済危機が到来して経済パニックが発生し、その後、長期の経済停滞が1900年まで続きました。鉄道建設など、国内のインフラ整備への熱狂が1885年から89年までを特徴づけています。新たな世紀に入るまで、アルゼンチンではこうした発展のための資本が不足していました。その結果、外国の資金に依存するようになり、それはルーズな仕方で管理されました。投資を刺激するために、中央政府も地方政府も私企業が発行した債券に利息保証をつけたりもしました。1887年にアルゼンチンの銀行システムは再編成されましたが、こうした仕方での投資の膨張を許し、またチェックされない投機的な投資も膨張したのです。政治腐敗が公的債務を南米諸国の歴史上かつてなかったほどに悪化させてもいました。1889年になると、経済の先行きの見通しの不透明性が増し、アルゼンチンの貿易収支やその安定性に影響を及ぼすようになります。政府は金の流出と引き換えに追加的な対外債務を求めましたが、銀行危機もあって海外投資家はアルゼンチンの債務返済の猶予を認めませんでした。こうした失政によって、破産、債務不履行が銀行や企業の間で発生しました。この危機に続く不況からの回復の水準は低く、ふたたび景気後退に見舞われ、財やサービスの生産へと新規参入することはまったく不合理で、金で見た紙幣の価値下落が投機によって引き起こされました。こうした産業活動の攪乱が貨幣の売りや買いによって引き起こされたのです。それは投機的な金融業者や金融ブローカー、株式仲買業者、抵当権設定者に対する強い憤激を引き起こしました。ゲゼルも当然、強い憤りをもってこれを攻撃し、投機的な金融業者たちに対立する活動に積極的に関与することになります。このとき、なんと政府は積極的なデフレ政策で対応しようとしました。

ゲゼルの冷徹な頭脳は政府のデフレ政策の帰結を見抜きます。この計画に抗議の声をあげ、『アルゼンチンの通貨問題』を刊行し、こう述べます。

「このパンフレットを著す直接の動機は私自身の企業を守るためである。輸入業に加えて、私はアルゼンチンの産業向けに段ボール製造プラントをもっていたからである。私は、所定の通貨政策によってアルゼンチン産業は少しの間はもちこたえるだろうが、自分のプラントは遊休状態におかれるだろうことがわかった。私はアルゼンチンの政治家や実業人の心中にどれほど深く厳密な金本位という頑迷《がんめい》な観念が巣くっているか知ろうとし、また経験によって賢くなった彼らがこのばかげた通貨に関する法律を廃止するかどうかをも知ろうとした」

「私は自分のパンフレットをあらゆる政治家や議員、新聞社、通貨問題を扱っている一人ひとりに、また多くの商人や実業家に送った。結果は無であった」

ゲゼルの声に誰も耳を傾けませんでした。もはやゲゼルは事態の推移を見過ごすわけにはいかなくなります。一般物価水準の暴落と産業と貿易の崩壊を予測した彼は、自分の事業を同業者に好意的な値段で売り渡してしまいます。同業者は彼の著作から彼が風変わりな思想の持ち主と思っていて、さっそく彼の申し出に応じました。１年後、アルゼンチンの全産業は行き詰まりました。政府には４万人もの失業者がデモをかけ、経済の回復と雇用の機会を要求しましたが、政府はいっそう硬直的に同じ政策を実施するだけで、事態は悪化するばかりでした。

直耕の日々

こうした状況のなか、ことごとく事業を整理したゲゼルは工場の売却益で、ラプラタ川に浮かぶ島を購入し、自分自身の必要と楽しみのために土地を耕し、経済理論の探求の日々を過ごすこととなりました。誰もが破滅的不況のなかで苦しんでいるのに、隠棲《いんせい》するとは何ごとか、とゲゼルを責めるべきではないでしょう。誰もがゲゼルの不況からの脱出策に耳を傾けず無視していたわけですから。ようやく破滅的なデフレ政策が終わったのを見て、ふたたびゲゼルは事業に復帰しました。以前、彼が売却した工場に行ってみても、機械類は放置されたままで、売却以来一度も使われた形跡はありませんでした。誰も信じなかった彼の主張の正しさが証明されたのです。

同じ著作で彼はこうも述べています。

「そうこうするうちに、アルゼンチンでは多くの人が物価水準を切り下げようとする通貨政策が不況の真の原因であることを経験から学んだ。混乱の原因と一般に考えられていたチリとの緊張関係によるのではなかったのである。それゆえ物価水準を切り下げようとする通貨政策はようやく解消されたのである。私が行った提案と調和するような新政策が策定された」

「この新しい通貨政策が実施されるまで、貨幣の総供給量の3分の2が銀行で遊休していたのである。商業や貿易、工業、農業に従事する誰もが、この資金を有効に活用できなかった。これを利付きで、あるいは利子なしでさえ有効に投資することができなかった。銀行は預金利子の支払いを停止した。しかし物価水準の切り下げ政策が放棄されたとき、退蔵貨幣はすみやかに流通に環流した。この政策転換によってアルゼンチンの偉大な興隆の基礎が築かれたのである。自分が述べたようにふたたび事物が正確に進行するのを一度でも目にすれば、私にはそれだけでよかったのである」

1900年、多大の財を築きあげたゲゼルは、活発な実業生活からリタイアします。わずか38歳です。

レゾート・ジュネヴィーの農民

リタイアしたゲゼルは欧州に戻ります。スイスのヌシャーテル県のレゾート・ジュネヴィーに農場を購入し、そこで彼自身農民となって、6年間を過ごします。スイスの長い冬は、経済理論の研究に没頭でき、落ち着いた生活を送るのに最適でした。

この時期、彼は「貨幣と土地改革」という雑誌を発行します。しかし世の中の反応はありません。ただ例外的に、誠実な知的反応に出会い、一人の友人を得ることになります。エルンスト・フランクフルトです。彼はゲゼルの思想的先駆者ともいえ、『不労収得』とか『シルバーリバーからの手紙』という著作がありました。ゲゼルが主要著作の『自然的経済秩序』を完成するには彼の協力が欠かせませんでしたから、それだけでも雑誌を刊行した意義はあったといえます。

1901年、ゲゼルはスイス国営銀行法をめぐる議論に、『スイス国営銀行の独占』を刊行することで参加します。そこでの銀行政策の欠陥を指摘した議論の正しさは世界大戦の勃発によって証明されたと、のちに評価されましたが、それも世の注目を浴びることはありませんでした。

1906年、6年間の農民生活のかたわら継続してきた研究が実を結びます。主要著作『自然的経済秩序』の第1部をなす「労働全収権の実現」の発刊にこぎつけたのです。しかし、第5部まである同書が順調に刊行されていったわけではありません。彼の仕事を中断する出来事が起こります。ゲゼルと同じくアルゼンチンに移住していた兄弟の死に出会うのです。兄弟の事業を引き継ぐ必要が出てきました。彼はふたたび、ブエノスアイレスに向かわねばならなくなりました。もちろん友人のフランクフルトも同行します。

再度その土を踏んだアルゼンチンでもゲゼルは活発に著作を発表します。まず『アルゼンチンの通貨過剰』を刊行し、次いでフランクフルトと共著で『積極通貨政策』を発表しました。1911年、彼はスイスでなくドイツに戻り、この著作を『自然的経済秩序』の第5部として合冊しました。

ベルリン近郊のエデンに落ち着いたゲゼルは活発に自分の主張を広めようと試みます。彼はベルリンの友人ゲオルグ・ブルーメンタールと雑誌「重農主義者」を発刊し、第一次世界大戦の勃発で発禁になるまで刊行を続けます。1915年、レゾート・ジュネヴィーに戻った彼は、翌年、ついに主要著作、『自然的経済秩序』を完成させます。

資本主義でもなく共産主義でもなく

第一次世界大戦という悲劇の最中に、主著『自然的経済秩序』は出現しました。この書物でようやくゲゼルは人々の積極的な反応に出会います。賛辞が各界から起こります。現状に心を痛め、平和を求める人々はそこに世界大戦の基礎、原因、意味、目的を読みとり、改革家や無為の空想家とは対照的なゲゼルを歓迎しました。つまり、冷徹な頭脳に経済知識を詰め込んだ人間、経験もあり老練にして大胆、勇気にも理解力にも溢れたビジネスマンと彼をみなし、経済学者や産業界のリーダー、労働運動の指導者といった多くの人々が彼のその本を天才の仕事と評価したのでした。

事業の成功とアルゼンチンにおける金融改革の成功を背景に、申し分のない知的力量をもって登場したゲゼルをもはや単なる貨幣改革家と見ることも、奇妙な新思想の持ち主と見ることもできなくなりました。彼は自分の主張に耳を傾ける人たちを前にして大変重要な講演を3回行っています。1916年、ベルリンで『金と平和』、17年、チューリヒで『自由土地、平和の根本条件』、そして19年、ベルリンで『デモクラシー実現後の国家機関の簡素化』と題して行ったものです。これらはパンフレットの形でも出版されました。

この時期は彼の生涯のなかで最も充実していたようです。時代に生きる誰もが大戦の勃発を阻止できず、そこから立ち直る方途も見いだせない時期、これまで無視してきた人間を時代が必要とせざるをえなくなったのですから。ドイツ革命敗北後の1920年5月に書かれた『自然的経済秩序』第4版序文がこの辺の事情を回顧しているので引用してみましょう。

「大戦とドイツ革命は私が大戦前に書いたことを確認しただけであり、このことは理論内容についても、政治への適用についても真理である。大戦は、資本家や共産主義者、マルクス主義者に多くの反省材料を提供した。多くの、恐らくはほとんどすべての人々が自分たちの綱領を放棄し、当惑し、途方に暮れていた。ほとんどの人間が与《くみ》すべき党派がいずれかわからなかった。……」

「例外なくあらゆる党派は経済綱領を欠いている。スローガンでしか結びついていないのだ。もはや資本主義には満足できない。それは資本家自身が認めている。ボルシェヴィズムないし共産主義は、いまもってロシアの各地で見られるような社会の原始的な形態にとっては都合がよいが、しかし分業に基づいて高度に発展した経済体制に、古ぼけた経済体制を適用することはできない。ヨーロッパ人は共産主義が前提するような保護監督を必要とする年齢を超えており、自由を欲しているのだ。資本主義の搾取からばかりか、官僚的支配からも、また共産主義に基づく社会生活では避けることのできない支配からも自由になろうと望んでいる。……」

そうなのです。悲劇的事態のなかで誰もが「当惑し、途方に暮れてい」ました。しかし「保護監督を必要としない」人々は資本主義とも共産主義とも違った方向を見いださねばならなかったのです。

バイエルンへ

1919年、ゲゼルはベルリンに滞在して第3版の準備をしていました。そこへバイエルン共和国のホフマン政府から社会化委員会への参加要請が舞い込みます。ゲゼルは友人に、「これでお別れだ。牛たちよ、牧場の緑よ、松の木よ、湖やアルプスよ。もう一度、虐げられたプロレタリアートに奉仕しに行くんだ」と書き送って、直ちに、革命只中のミュンヘンへ向かいます。そこで友人のテオフィール・クリステン博士、法律顧問のポレンスケ博士とともに、「自由経済顧問団」として社会化委員会の委員たちが集まるのを待ち受けていました。クリステンはゲゼルの価格理論に完璧な数学的定式化を行った数理経済学者で、彼と行動をともにした同志です。

4月7日、ホフマン政府の委員たちに会ったゲゼルは、ホフマン政府が転覆され、グスタフ・ランダウアーの主導のもとに新政府（クルト・アイスナー政府）が樹立されたことを知りました。ランダウアーは周知のように革命ドイツの英雄の一人で、モスクワの追随者ではない社会主義者でした。心の底からゲゼルと見解をともにしていたランダウアーは、急ぎ財務担当人民委員（大蔵大臣）のポストを彼に提供して、こう申し出たといいます。

「フリーハンドが与えられています。あなたの改革を開始してください」

彼こそ、ゲゼルが経験豊かで、任務を果たそうとする準備に怠りない人間であることを認識した初めての政治家であるといってよいでしょう。

ゲゼルのほうもランダウアーの思想を知っており、評価していたであろうことは、第4版序文をこう締めくくっていることから推察できます。

「自然的経済秩序は新たな秩序、人為的組み合わせではない。分業から生まれた発展は、われわれの貨幣制度と土地制度がその発展に対立するという障害に直面する。この障害は取り除かれなければならない。それがすべてだ。自然的経済秩序はユートピアとも一時的熱狂とも無縁である。自然的経済秩序はそれ自身に立脚し、役人がいなくとも生活する力をもっており、あらゆる種類の監督と同様に国家それ自体を無用なものとする。それはわれらが存在をつかさどる自然淘汰の法則を尊重し、万人に自我の完全な発展の可能性を与えるのだ。この理念は自分自身で責任を負い、他者の支配から解放された人格の理念であり、これはシラーやスティルナー、ニーチェそしてランダウアーの理念である」

このランダウアーにゲゼルが協力しようとするのは当然でした。翌4月8日、さっそくゲゼルは事務所を設置、革命の歴史にユニークな第一歩をしるしました。

改革はバイエルンの日刊紙を使って、とてつもなく無秩序で崩壊し切ってしまった経済、金融の諸条件のなかでペシミズムと絶望に陥った国民に、どういう目的のために、何を、どのように行うのかを簡潔に訴えることから始まりました。彼はダイナミックな自由貨幣の方法で経済生活を運営する機構をスタートさせようとしたのです。しかし、客観的で公明正大な解放のための行動は押しつぶされます。おのが主観性を押しつけることしか知らない党派の存在によってです。

圧殺されたゲゼルの闘い

4月14日、彼が財務担当人民委員として活動を始めてからたった1週間しかたっていないこの日、ゲゼルが所属したクルト・アイスナー政府はモスクワの指示に従う共産主義者によって転覆され、バイエルン第二人民共和国が成立します。ランダウアーは投獄され不法にも殺害されてしまいました。ですが、ゲゼルやクリステンらは逃げませんでした。計画を続行しようとし、猜疑心《さいぎしん》に溢れる共産主義者に対しても、私的所有を強制的に取り上げるのではなく、また独裁者たちの官僚機構に頼らずとも経済的正義が実現できることを納得させようと努力しました。

しかし、共産主義者は、ゲゼルが翌15日、「全貨幣所有者への呼びかけ」を公布するのを妨害し、また国内物価水準の安定に基づく国際為替レートの安定化のための国際会議開催の招待状の各国への送付をも妨害することで応えたのです。そればかりか、彼らはゲゼルにすぐさま5000万レンテンマルクを支払うよう強要しました。自分の計画が実行される保証が与えられないのならとゲゼルはこれを拒否します。結局、彼はそのポストから引きずりおろされます。

共産主義の独裁者たちは、伝統的なマルクス主義の教義にそむくことなく、10日間のゼネストを布告することで独裁を開始しました。ゲゼルが国民に十分な供給を保証すると約束して、仕事に復帰するようにと訴えたにもかかわらず、です。いったい国民を絶望的貧困に追い込み支配するような方法で資本主義を廃止しようと試みるのと、自由貨幣がもたらす経済諸力の自由な発揮による全般的繁栄の重圧で資本主義を葬り去るのとどちらを国民は望んだことでしょうか。

ほどなくして共産主義体制は血塗られた崩壊を迎えます。1919年5月1日、ゲゼルとクリステンらはホフマン将軍の新軍事政権の兵士たちに逮捕されます。共産主義者であるとの嫌疑をかけられたのです。全員が大逆罪で告発されることとなります。19年7月9日、ゲゼルとクリステンらはミュンヘンの高等裁判所に出廷し、人を信服させずにはおかぬ自己弁護を展開し、全員が無罪となりました。

こうして第一次大戦の憎悪と悲痛と絶望の渦中で、事態を深部から永続的に転換していくことで正義と自由の時代を切り開こうとしたゲゼルの闘いは終わりました。大戦の引き起こした経済的混乱がお決まりのコースをたどったことは周知のところです。ゲゼルが予測したように、ドイツや他の諸国は荒々しいインフレの道をたどりました。そのあとには、大規模な失業や倒産、貧困、自殺、犯罪などをもたらすデフレ危機が続いたのです。何も知らない指導者たちは将来の混乱に無闇に突っ込んでいくばかりで、それがいかなる結果をもたらすかさえ自覚していませんでした。指導者や追随者たちは暗いジャングルをさまよい、誰も脱出口を知らなかったのです。ゲゼルは法廷での、自らの弁明とスイス政府高官らの証言によって、大逆罪を免れたゲゼルはミュンヘンを去りましたが、人類を覆った暗さが随所にあることを思い知らされます。

彼は現実から一歩身を引きますが、日々の政治展開に鋭い関心を示し、ワイマールで国民議会が開催されたとき、『物価指数スライド通貨による貨幣購買力の保証』を発表、活発な著作活動を再開していくことになります。

戦後のドイツで

革命の敗北から1930年、68歳で死去するまでの、ゲゼルにとっては晩年といえる約10年間、彼はふたたび不当に無視された思想家の地位に甘んじることになります。資本主義はケインズという救済神によって修正資本主義として生きながらえることになりますが、自由経済の主張は背景に退けられます。しかし、ゲゼルは積極的に著述活動を継続しました。

ワイマールで開催された国民議会で民主主義者や社会主義者たちの体制が発足します。大戦と革命から教訓を得たはずの諸党派はしかし、責任をもって現状を引き受けようとはしません。無知と不見識だけが世の中を動かしていて、あいかわらず国民は不況と経済危機のなかに放置され犠牲を強いられていました。今日の私たちはこの体制が崩壊し、もう一つの独裁体制つまりヒトラーの独裁にとって代わられた事実を知っています。では当時、ファシズムとは違った危機からの脱出の方向と方法を誰が指し示していたでしょうか。ゲゼルのほかにはいなかったのではないでしょうか。しかし、国民議会をにらんで発表されたスライド通貨の提言は、彼の予想に違わず無視されます。

だが、彼は発言をやめはしません。1920年、彼の著作のなかでもとりわけ評価の高い『ドイツ通貨局、その創設のための経済、政治、金融上の前提』を発表します。これは当時のドイツ帝国銀行総裁のハーフェンシュタインにあてて書かれたのですが、これも相手にされませんでした。彼は社会主義者の大蔵大臣と結託して悪名高いドイツのハイパーインフレを演出した人間です。このインフレについて、当時の当局の専門家の見解は単純なもので、物価水準が上昇すれば高価格に対する支払いのため、これに応じた貨幣供給が必要だというものでした。彼らはこのインフレで大戦によってすらわずかに残された経済的富を完全に破滅させることに成功したのです。なんということでしょう。すでにゲゼルが無秩序な貨幣政策を放棄して、物価指数スライド通貨の手法を採用すべきであると提言していたのに。ゲゼルの主張にハーフェンシュタインはこう答えたといいます。「私は実験に手を染めるには慎重なのだ」と。ゲゼルの提起は実験にすぎないというのです。しかし、天文学的インフレというその時代の途方もない貨幣をめぐる実験に着手したのはほかならぬハーフェンシュタインであったのです。

また同じ1920年に、ゲゼルはどの国にも中立的に振る舞う世界貨幣を提起した『インターナショナル・ヴォルタ・アソシエーション』を発表しています。

翌1921年に入ると、ゲゼルはヴェルサイユ条約が経済上の愚かしさと危険に満ちあふれていることを見てとって、『国際連盟の再編成とヴェルサイユ条約改定の提案』を公表します。これはヴェルサイユ条約を批判したケインズの有名な著作『平和の経済的帰結』や『条約の改正』とほとんど同時期に発表されたにもかかわらず、ゲゼルの著作のほうはまったく注目されませんでした。また、同じ年『ドイツ国民への宣言』を発表、ドイツ国民がおかれた諸困難の解決を訴えています。

1922年には、労働者と労働組合に向けて、大変重要な『労働組合の実践指針覚え書き』と呼ばれる2つの覚え書きを発表しています。一つは通貨、国際為替相場の問題などを扱い、もう一つは資本理論について自らの理論とマルクスのそれを比較検討しており、マルクス主義に対する挑戦となっています。ゲゼルという人は実に精力的で、このほかに、『緊急事態にある独裁政権――ドイツの政治家へのアッピール』、それに愉快な風刺作品『仰天したマルクス主義者』などを憑《つ》かれたように書いています。

１９２３年には、老ゲゼルの期待がますます労働者階級に向かっていくことを示す『プロレタリアートの武装』を発表します。ここで武装とは、なによりもプロレタリアートが自ら自身を解放していくために、経済知識や自由土地、自由貨幣という解放の武器を身につけることを意味しています。また同年、おもしろいことにシュペングラーの『西欧の没落』に対して、『西欧の勃興』を著して反論してもいます。

ゲゼル最晩年の著作のうち重要なものは、１９２７年に著された『解体する国家』です。ここでは反官僚主義の立場から、官僚制の徹底的な除去とそこから導かれる将来社会が議論されています。

以上にあげたのは主要な著作だけですが、ゲゼルにはほかにも記事や論文、講演など多数の発言があります。いま、これらすべてをゲゼル全集の刊行で見ることができるようになりました。

サンジェルマン伯爵の棺のごとく

ごくふつうの実業家から、自分がおかれた状況のしからしめるところ、社会改革家となったゲゼルの目標は資本家的な金利生活者を批判し、貨幣のシステムを変革して、資本主義を利子から解放された市場経済に代えることでした。病気ひとつしたことがなかったという頑健な男はそのために活動しつづけてきました。しかし、1930年3月11日に、ベルリン近郊のエデンで、まったく突然に肺炎にかかり、この世を去りました。68歳の誕生日を迎える直前でした。あとには、悲嘆にくれる妻と4人の子どもたち、そして多数の支持者が残されました。しかし、11日の早朝、「雄鳥が鳴いた。さあ、夜明けだ」と皆を鼓舞して永遠の眠りについたそうです。

1987年に、ゲゼル理論の支持者がつくる自由経済運動（INWO、自然的経済秩序のための国際協会）の会議がゲゼルの生地セント・ヴィートで開催されたとき、ゲゼル支持の経済学者、ディーター・ズーアは、ゲゼルに始まる国民通貨に人為的コストをかける政治的な息の長いプロセスを必要とする戦略とともに、市民の自助に基づく戦略として、富者に対しても貧者に対しても中立に振る舞う中立貨幣を使った通貨決済ネットワークをつくり、真に繁栄する経済をつくりだす直接民主主義に基づいた市民の取り組みを提起しました。この提起は多くの地域通貨の取り組みに影響を与え、ゲゼルへの関心を高める結果となりました。

経済危機という暗闇にいて、夜の明けるのを待つ人がいるときには必ず彼は復活します。いまも、世界各地で地域通貨という雄鳥が鳴きはじめました。流行であった市場経済万能論も社会民主主義があてにしてきた国家の論理も限界が確認されました。

第三の、ありうべきもう一つの世界への模索が市民たちの分権的なイニシアティブで始まっているのです。サンジェルマン伯爵（18世紀のフランスの伝説的怪人物。200０年以上生きつづけていると自称していたという）の棺のようにゲゼルの棺も、もしかしたら空っぽだったのかもしれません。

2　なぜお金は減価しなければならないか

ロビンソン物語

私たちが生きている通常のお金のシステムでは、お金を貸し付けること、つまり保有を一時的に断念することに対して報酬を与えています。つまりプラスの利子が支払われるわけです。お金を借りた人は当然のように利息を払います。誰もこれを疑いません。しかしほんとうにそれが当たり前なのでしょうか。

こうした観念をもった人向けにゲゼルは自分の「ロビンソン・クルーソー物語」を書いています。それをここで紹介したいと思います。この文章は1920年5月5日に書かれましたが、彼の新たな貨幣、利子理論を平易かつ簡潔に表明したものとして評価も高く、主著の『自然的経済秩序』の第5部の冒頭に挿入されることとなりました。巷間、ケインズがこれを読み、絶賛したといわれている文章です。表題には、「この理論の試金石としてのロビンソン・クルーソー物語」とあります。この理論とは自由貨幣に基づく利子並びに資本の理論を指しています。

ここで詳述される利子理論の導入部として、また、とりわけ利子問題に関連して強く残っている古くさい臆断《おくだん》を容易に取り除くためにも、私はロビンソン・クルーソー物語から始めなければならない。

よく知られているように、ロビンソン・クルーソーは健康上の配慮から、山の南面に家を建て、これに対して、北面の湿潤で肥沃な斜面で農作物を栽培した。したがって、彼は山を越えて収穫物を運ばざるをえなかった。この労働をしなくて済むようにしようとして、彼は山の周囲に運河を建設しようとした。この企ては沈泥が運河を塞《ふさ》いでしまうのを避けるために中断せずに継続されなければならないが、それに必要な時間を彼は3年間と見積もった。

したがって、彼は3年間の蓄えを調達しなければならなかった。数頭の豚を屠殺《とさつ》し、肉を塩漬けにした。地面の穴に穀物をいっぱいに満たし、入念に覆いをした。鹿皮をなめして衣服に仕立て、木箱のなかにしまい込み、衣魚《しみ》除けにくさいスカンク腺で覆った。

要するに彼は自分が考えた通りに、これから3年間のことを考えたのである。計画した通りに「資本」が間に合うかどうか、最終的な予測を立てていると、一人の男がやってくるのが見えた。

「やあ」と、その訪問者は声をかけてきた。

「私の小船が難破してしまったので、この島に上陸してきました。田野を開墾したいのですが、最初の収穫が得られるまでの間、あなたの蓄えで私を救ってくださるわけにはいかないでしょうか」

この言葉を聞くや、ロビンソンの頭には、自分の蓄えが利子と金利生活者の栄光をもたらしてくれる、という考えが閃《ひらめ》いた。彼は急ぎ、その申し出を承諾したのである。

「ありがたい」と、その訪問者は答えた。そして、「しかし、あなたにいっておかなくちゃなりませんが、私は利子を支払いませんよ。払わなければならないくらいなら、狩猟や漁でもして生きていきますよ。私の信仰は利子を取ることも、支払うことも禁じているんです」。

ロビンソン「それはまた結構な宗教をおもちだ。でも、あなたが利子をこれっぽっちも支払わないとするなら、一体どうして、私が蓄えたとっておきの品をですよ、貸し付けると思うんですか」
訪問者「それは私利からですよ、ロビンソン。儲かるからですよ、あなたにもわかるでしょう。あなたは利益を得るんです。それもかなりな額ですよ」
ロビンソン「そういうなら、まず、あなたがその計算をしてみせてくださいよ。正直いって、蓄えをですよ、無利子で貸し付けて、どれくらい利益が得られるのか、見当がつきませんしね」
訪問者「では、全部計算してみましょう。ご自分で計算しなおしてみれば、無利子で貸し付けたうえに、お礼までいうことになりますよ。そうですね、私にはさし当たり衣服が必要です。見ての通り、裸ですから。衣服の蓄えはありますか」
ロビンソン「その木箱には、上のほうまで衣服が詰まっています」
訪問者「それにしても、ロビンソン。あなたがほんとうに賢ければいいんですけどねえ。誰が一体、木箱なんぞに衣服を3年間もしまっておこうとしますか。それもですよ、鹿皮です。なんと衣魚の好むごちそうですよ。鹿皮でなくとも、衣類というものは風通しをよくして、油脂を擦り込んでおかなくては。そうしておかなければ、傷んだり、蒸れたりしてしまいますよ」
ロビンソン「おっしゃることはごもっともですが、じゃあ私はほかにどうすべきだったというんです。衣装棚にしまっておいたほうがいいなんてことはありません。そんなことしても、ここでは、ネズミがやってきますし、衣魚だって入り込んでくるんですよ」
訪問者「ああ、木箱にだってネズミが入ってくるでしょうね。見てください。ほら、もうかじられてしまってますよ」
ロビンソン「まさか、そんな。こういう被害というのはまったくどうにも防ぎようがないですね」
訪問者「あなたはネズミから身を守る術をご存じないようだ。算術を学んだとはいえませんね。私たちのなかで、あなたのような境遇にある人が、ネズミや衣魚、それに腐朽や塵芥《ちりあくた》、黴《かび》から身を守る方法をお話ししましょう。私に衣服を貸してください。必要な場合はすぐにでも新しい衣服を、あなたに揃えてあげることをお約束します。あなたは、引き渡したのと同じ程度の衣服を取り戻し、しかもですよ、その衣服は新しいものになっています。必要になって、あとで木箱のなかから引っ張り出してくるものより、はるかに上等ですよ。ましてスカンク油の悪臭なんて付いていません。貸してくださいますでしょう」

ロビンソン「わかりました。あなたに木箱ごと、衣服ともどもお渡ししましょう。そうしてみれば、無利子で衣服を貸し渡しても、私の利益になるということが、私にもわかるというものです」（注1）

訪問者「ところで、小麦を見せてくれませんか。種まきに使うし、パンをつくるのにも必要です」

ロビンソン「その丘をくだったところに埋めてありますよ」

訪問者「あなたという人は、小麦を3年間も地面の穴のなかに埋めておくのですか。黴や虫はどうするというのですか」

ロビンソン「わかっています。でもどうしたらよいんです。どう考えても、これよりよい貯蔵方法など思いつきませんでした」

訪問者「かがんで、ご覧になってください。表面に虫がはね回っていますでしょう。塵芥がわかりますか。黴は生えていないですか。すぐにも、小麦を取り出して、風にあてなければなりませんよ」

ロビンソン「この資本はもうだめです。自然のもつ、こうした幾重もの破壊力から身を守る方法がわかっていればよかったんですが」

訪問者「ロビンソン、私たちのところではどのように家屋をつくるかお話ししましょう。風通しのよい、湿気のない小屋を建てるんです。床は頑丈な板張りにしますが、そこに小麦を振りまくんです。それからシャベルで全体を掘り返しながら、3週間ごと、定期的に、入念に風にあてるんです。ネズミを捕まえるために猫を飼います。罠《わな》も仕掛けますよ。どんなものにも火災保険をかけ、毎年毎年、品質や量目の損失が10％を超えないようにしています」

ロビンソン「そうだとしても、その仕事やその費用を考えてみますとね」

訪問者「その仕事を恐れることなどないですよ。なにも費用など要らないんです。どうしたらよいかお話ししましょうか。あなたの蓄えを私に貸してください。私が収穫が得られたら、新鮮な穀物で、ポンドならポンドで、袋なら袋で、渡してくれたものを返済しますから。あなたは小屋を建てずにその仕事を済ますのです。つまり、シャベルで掘り返すこともないし、猫に餌をやることもないのです。量目で見ても何も失うものはないんです。古くなった麦の代わりに、いつも潤いのある、新鮮なパンを手に入れることができるんです。どうでしょうか」

ロビンソン「大変ありがたい。その申し出を受け入れましょう」

訪問者「それでは無利子で小麦を貸してくれますね」

ロビンソン「よろしいです。無利子で、当方の感謝までそえます」
訪問者「でも、私は一部を使うだけです。全部は引き取りませんよ」
ロビンソン「それでは、10袋につき9袋を返却してくだされればよい、という条件で、あなたに蓄え全部を提供しますが、どうでしょう」
訪問者「いや、結構です。それではまるで、利子付きで、しかもですよ、値打ちを引き上げる正の利子ではなくて、引き下げる負の利子のもとで働くようなものですよ。売り方の代わりに資本家の買い方がいるようなもんですよ。でもね、私の信仰は高利を禁じていますが、また、転倒された利子も禁じているんですよ。ではこうしましょう。私が監督しますから、小麦のストックを取り出して、小屋を建て、必要な作業を行うというのはどうでしょう。その代わりに、毎年、10袋につき2袋を私に報酬として支払ってください。それで折り合いをつけましょう」
ロビンソン「その支払い分を高利といおうが、仕事と呼ぼうが、そんなことは私にはどうでもいいことです。とにかく、あなたに10袋を渡しましょう。あなたは私に8袋を返す、これで折り合いがつきましたね」
訪問者「しかしまだ、私には、別の物も必要です。鋤《すき》や荷車や手工具です。これら全部、無利子で貸してくれませんか。返すときはどれも変わらぬ品質で、新しい鋤なら新しい鋤を、新しい鎖なら錆《さび》のない鎖を返済することを約束します」

ロビンソン「もちろん、ご用意しましょう。いまは、どの蓄えも私には労力のかかる物ばかりですから。この間などは、小川が氾濫して小屋は水浸しになり、何もかも泥を被《かぶ》ってしまったんですよ。その次はといえば、嵐で、屋根はむしり取られ、全部、雨で台無しになってしまいました。いまどきのように、天気が乾燥すると、風が小屋のなかへ砂や塵を吹き込むんです。錆や腐朽、倒壊、日照り、光と暗闇、木喰虫、白蟻《しろあり》といった何やかやで仕事には絶え間がありません。泥棒や放火魔がいないことがまだましですけれど。これらの物を、手間もいらずに、費用もかけずに、損失を受けることもなく、よい状態を維持しながら、あとで役立つように保管できるとは、喜ばしいかぎりです」

訪問者「それでは蓄えを貸し渡すことが利益になるとわかったのですね」（注2）

ロビンソン「率直にそのことを認めましょう。でも、疑問に思うのですが、なぜ海の向こうの故国では、そのような蓄えが所有者に利子をもたらすのでしょうか」

訪問者「あなたは、その説明を、海の向こうではこうした取引の仲介をしている貨幣に求めなければなりません」

ロビンソン「何ですって！　貨幣のうちに利子の成因があるというのですか。そんなことはありえません。マルクスが貨幣と利子について述べているところを聞いてみてください」

「労働力は利子（剰余価値）の源泉である。貨幣を資本に転化させる利子は貨幣に起因することはありえない。貨幣が交換手段であることに間違いなければ、商品価格を支払い、商品を購入する以外のことをしはしない。貨幣がそのように変わらずにあり続けるならば、価値を付け加えることはない。それゆえ剰余価値（利子）は購入され、より高価で販売された商品に由来する。この変化は購入においても、販売においても発生しない。これらの行為においては、いずれも等価物が交換される。それゆえ、商品を購入して使用し、再び売却することによって、この変化が起こるということは依然、たんなる仮定として任意のものである」（マルクス『資本論』第6章）

訪問者「この島で暮らしはじめて、もうどれくらいになりますか」

ロビンソン「30年です」

訪問者「人間というのは、忘れないものですね。あなたはそんな価値論をいまだに引き合いにだします。ロビンソンさん、これは片づいてしまいました。彼の価値論は死に絶えたのです。それを主張する人などもはや誰一人いませんよ」

ロビンソン「何ですって。利子に関するマルクスの理論が死に絶えたとおっしゃるんですか。そんなことはありえません。たとえ、もはや誰一人としてそう主張する者がいなくても、私はそれを主張します」

訪問者「それなら、言葉だけではなく、行為によっても主張するがよいでしょう。そうしたいのなら、私と対立することになりますね。私は、ただいま締結した商取引から身を引きましょう。あなたはここに蓄えをもっています。その蓄えは、その性格と用途からそのほんとうの形態であるとみなされるもの、つまり一般に『資本』と呼ばれるものです。私にはあなたの品物が必要ですが、あなたは資本家のように私に対立しようとします。いま、私はあなたに対峙《たいじ》していますが、労働者が資本家にそんなにもあからさまに立ち向かったことはありません。私たちの対立関係のように、資本の所有者と資本を必要とする者との関係が、こんなにも踏みにじられるとは。私から利子をとることができるかどうか、さあ、試してごらんなさい。それとも、もう一度初めから商取引を始めますか」

ロビンソン「いや、あきらめます。ネズミや衣魚、錆が私の資本家的精力を殺《そ》いでしまいました。でも、あなたはこのことをどう説明するというのですか」

訪問者「説明するのは簡単です。あなたはたったいま私に無利子で貸してくれましたね。しかし、この島に貨幣経済が成立しているとしましょう。その場合、遭難者である私が貸し付けを必要としているとすると、必要としている物を購入するために資金供給者に頼み込む必要が出てきます。資金提供者はネズミや衣魚、錆、火災や屋根の損傷に苦しめられることはありません。ですから、あなたとの場合のようには対立しないでしょう。物品の所有に結びついている損失を考えてください。そこでは犬があなたの、そして私の鹿皮を引きずっていってしまいます。犬が運んでいってしまうのは犬が保管しているも同然です。どのような配慮も、そして私があなたを納得させた十分な証明も、資金提供者にとっては関係のないことです。私が利子の支払いを拒んでも、あなたは皮の衣服が入った木箱を閉じはしませんでした。資本の性格があなたをさらなる交渉へと向かわせたのです。しかし、です。貨幣資本家は私が利子を支払わないといえば、すげなく私を追い払ってしまうでしょう。私には貨幣そのものが必要だったのではありません。その皮の衣服が必要だったのです。皮の衣服をあなたは無利子で貸し与えてくれます。なのにです。私はそのために貨幣に利子を支払わねばならないんです！」

ロビンソン「そのように利子の原因が貨幣のうちに求められるなら、マルクスは間違っていたのでしょうか。マルクスはどこかでこう述べていましたね」

「本来の商業資本において、G―W―G′（貨幣―商品―増殖した貨幣）形態、より高く売るために購入することが最も純粋に現れる。他方、あらゆる資本の運動は流通の局面の内部で起こる。しかし流通そのものから資本の貨幣への転化を説明することは不可能である。そこで等価物が交換されるや否や、商業資本は不可能であるようにみえる。だからこのことは購入や売却をする商品生産者たちから、それらの間に割って入る商人が二重にだまし取ることからだけ導きだされる。商業資本の換価が商品生産者をたんに詐欺にかけるということから説明されるべきでないとするなら、そこには多くの中間項が必要である」（マルクス『資本論』第１巻）

訪問者「ここでもマルクスは完全に間違ってますね。国民経済学の重要な核心である貨幣について思い違いをしているから、彼はいたるところで誤りを犯しているに違いありません。マルクスは、また、あらゆる彼の信奉者も同様ですが、貨幣の本質をその考察の範囲から除外するという誤りを犯しているのです」

ロビンソン「このことは、貸し付けについての私たちの交渉が実証してくれましたね。貨幣はマルクスによれば交換手段にすぎませんが、貨幣は単なる『購入した商品の価格を支払う』ということ以上であると思われるような働きをしているんですね。利子を支払おうとしないとき、商品（資本）の所有者を苦しめる憂慮も知らないで、貸し付けを受ける受取人の鼻先で銀行員が金庫をぴしゃりと閉めることは、商品を超えた貨幣それ自体がもつ権力に負っているのですね。そこに商品の弱点があったのですね」

訪問者「ネズミや衣魚や錆が、なんという証明力をもっていることでしょう」

（注1）事は自明でありながら、自明であればこそ、今日まであらゆる利子理論家は、かかる利益を認めることがなかった。プルードンでさえ見過ごしたのである。

（注2）クヌート・ヴィクゼル『価値、資本および利子』。「しかるにベーム・バベルクは現在財は必要とあれば将来のために『保存しうる』のであるから、少なくとも将来財と同等であると主張している。これはおそらく大きな誇張というものである。ベーム・バベルクはこの法則の例外、すなわち、氷や果物などの、損なわれる財に言及している。しかし、どのような食料品にも、そのことは例外なく高かったり低かったりする程度で妥当しているのである。確かに、こうした財は、将来のための保管に特

別な労苦や配慮を必要とせず、しかも危険にもあわないような貴金属や宝石類という財とは違っている。それらにしても火災やこれに類する災難によって失われることもあるのである」（今日、銀行は金や宝石、有価証券保管用に、個人向けの特別な個室を用意している。しかし、それには賃貸料を支払わねばならないのだ。その金額分だけ、「現在財が将来財に」及ぶということはないのである）

お金の問題を考えてみるとき、お金が存在しない状態をまず想像する必要があります。お金が果たしている役割と意味については、第5章で扱いますが、ここでは、お金がない世界でのモノの貸し借りという異なった時点にわたって取引が維持される契約関係を例に考えています。

そこでは余資をもつロビンソンは、実は不利な立場におかれています。それはモノにはそれぞれに特有な減価率があるからです。時の経過のなかで傷んでいくわけです。どのようなモノも、ごく少数の例外を除いて、それぞれに特有な率で劣化していきます。モノには、ゲゼルが例にあげるような、例えば新聞売り子のもつ新聞のように翌日になれば無価値になってしまうような傷みが早いものもあれば、耐久消費財のように息の長いものもありますが、いずれも劣化し傷み、という具合に老化します。

これに加えて保管の費用やら、モノの保有にはお金に比べてコストがかかります。ですから、もしこれを借りてくれる人がいれば、モノの減価分に保管費用を足した分を貸し付けた量から控除した量が返済されても、何の損もありません。それはちょうど自分が保有していてもそうなるのですから。もし、少しでもそれを上回る取引ができれば儲けものというものです。

しかしお金が介在してくると、つまり貨幣供給者が登場すると事情は一変します。プラスの利子が成立してしまうのです。お金はいつまでもっていても減りはしません。お金が金や銀であったころもいまも、金や銀、紙券が錆ついて値打ちが減るということもありませんでした。実はこれがお金をもっている者とそうでない者との間に不平等をつくりだしてきたわけです。小さな会社も大企業も、事業をするには投資が必要です。事業資金が要るわけです。つまりお金が必要なんですが、お金をもっている人間はお金をもちつづけても費用がかかりません。対照的に、例えば、農民は種をまくのを延期できません。ですから、種をまく資金を借りるのを急かされることになります。これでは、取引をしようにも、立場が違いすぎます。片方は、自分に有利になるまでいつまでも待てるわけですから。もう片方はとにかく急かされています。貨幣供給者が農民に金を貸す場合は、利子を請求します。いやだとはいえません。とにかく資金がいま要るのですから。そうして農民はこの資金を借り入れる際の利子という費用を自分がつくった穀物を売るときに、その価格に乗せなければならなくなります。この穀物をパン屋が仕入れたとすれば、穀物の値段に入っている利息の分は当然、パン屋の売るパンの値段に入っていきます。結局、貨幣供給者があげる利益は社会が負担することになります。働きもしないのに、貨幣供給者の利益は増えていくのです。しかし、どのような企業も利子の重荷とつきあわなくてはならなくなります。このことが、社会に富と権力の集中が続いてきたことの理由です。なぜなら、こうしたプラス利子の仕組みで、事業があげる利益の多くの部分が社会の一部の者たちの所有するところになるからです。

貨幣供給者の最たるものは銀行です。bank の語源を尋ねると、ゲゼルが指摘しているのですが、安楽椅子という意味が見いだせます。ふつうの金融経済学者は、bank の語源についてイタリア語の banco までしかたどりません。banco、つまり記帳台がその語源だというのです。しかし、これをもっとさかのぼりますと、古ゲルマン語の banki に突きあたるというのです。banki はゲルマン民族がその住居の周りにめぐらした防塁《ぼうるい》を指します。それが住人の安寧《あんねい》を保証したのと、その形状の類似から「安楽椅子」という語義が生まれたようです。bank に至るまで、その語義は継承されています。銀行はお金を扱います。お金は、もっていても劣化しません。取引でお金をもつほうはもちつづける余裕をつねにもっています。取引で自分が有利になるまでもちつづけることができます。お金をもつ者は「安楽椅子」に座るがごとく待っていればいいのです。ここにお金の力の根源がありますが、銀行はそれをもっているのでBANKといわれるわけです。

こうした間違ったお金の仕組みへの眼差しはエンデの『モモ』からも感じとれることでしょう。

たしか、モモは進もうとして強烈な向かい風にあい、どうにも進めません。彼女が立ちどまると、風はやみます。そのとき、カシオペイアが後ろ向きに進めというメッセージをくれました。そうして彼女は、マイスター・ホラのところに行くことになります。

ここで向かい風に向かって進むことはプラスの利子システムのなかを進もうとすることです。いったん立ちどまるのはゼロ利子のシステムで、そこでは、この利子率の零点は不思議な性格をもっていて、貨幣の時間がとまるのです。いまのお金のシステムでは現金だけがゼロ利子です。しかしお金の貸し借りもすべてゼロ利子になると、貨幣は時間次元を喪失してしまいます。いまこのお金を自分は使わなかったのだから、そしてそれを君に貸してやったのだから、ぼくの我慢に君は利息を払って報いるべきだ（節欲説といいます）という理屈は成り立たなくなります。何とでも交換できる万能の性質（貨幣の流動性）をいま行使せず、君に貸し付けたのだから、この万能な便利さを手放したこと（流動性の放棄）には当然、利子というプレミアムがつくはずだね、という理屈も成り立ちません。結局、融資額も借入額も時間がたっても増減しないからです。そうして、人は自分の観念の逆立ちしていることに気づきます。

利子率の零点はモモが立ちどまり、ほんとうに進むべき方向に気づく場所でした。いま、地域通貨がこの零点をつくろうとするものとして各地で生まれつつあります。これがあるだけでも、向かい風をしのげるわけです。例えば失業したにしても、自らの職能を生かせる場所が見つけにくくても、彼や彼女に、社会に生存しつづけることで返済していこうとする意志があるかぎり、自らの提供しうるものを提供するチャンスがあり、そしてそれを需要する者がいるのです。まだこうした取り組みは緒についたばかりですが、多くの人が向かい風に飛ばされ、なかには死の淵にまで吹き寄せられているなかで、必ずや人の関心をひくことでしょう。モモが立ちどまったように、立ちどまり、真の進む方向を探すべきときだと、考える人が出てきているのです。

そうすれば、マイナス利子というほんとうの方向に向かって時間が進む、そういうコースが見えてきて、その先にマイスター・ホラがいるのですから。マイスター・ホラのところでは、お金は生産や消費に密着して、その本来の機能である交換手段として成り立ち、社会に不当な請求をする利子を生むような、生活から遊離したものではありません。

自由貨幣——減価するお金の仕組み

ゲゼルの考える自由貨幣は、永遠の命をもつかのごとき貨幣を熱力学第二法則、つまりエントロピー法則に従わせようとするものです。この法則はエネルギーと物質が持続的に無秩序あるいは消散への傾向があることを明らかにしています。この事実に立てば、人がつくりだしたどのような物質的富も物理法則に従って必然的に消え去ることがわかります。この自然の力を誰も否定できはしません。エントロピーのゆえに時間の影響を受けるのです。しかし人間はこれから逃れ出る出口をつくりだしました。それが、いまあるお金です。

例えば、私たちが財布にもつ千円札は、インフレやデフレの影響を考えなければ、今日も1000円の値打ちですし、明日もそうです。ところが、この世のものは何であれ、時の経過のなかで、錆ついたり、劣化したりしていきます。若くぴちぴちした肌にもいつしか皺《しわ》が刻まれます。でもお金は、例外なのです。永遠の命を願ったという秦の始皇帝もお金に変身できれば、永遠の命を手に入れたことでしょう。ですから人は、時の支配を受けないお金に期待をかけます。お金がすべてだとも考えるようになります。そして、お金を貯め込んだりすることになります。蓄財です。

これはプラスの利息をとって貸し出されます。そうすると、世の中で取引に必要とされるお金に対する需要とこれに応ずるお金の供給が一致しなくなります。お金の供給がいつも需要を下回った状態となります。すると、お金を借り入れるコスト、つまり利息が高くなります。ところが、この利息は皆がつくりだした富を増やさずに、その分だけ富から取り去られるわけです。当然、お金の需給が一致しないと経済には構造的な不均衡が発生します。経済が危機を迎えることがあるのは、いまあるようなお金の仕組みに原因があるということになります。

お金は人がつくりだした商品を社会に配分するための潤滑油のようなものでした。血液が人体に栄養を送り、生体を維持させているように、社会という有機体を維持するために循環していなければならないものです。金は天下の回りもの、なのです。

しかし、人はお金という流動性をもとうとします。そうすると、例えば100の値打ちの商品が取り引きされるには100の値打ちのお金が必要ですが、その意味でのお金と商品との間の対称性が崩れます。お金が循環しなくなるわけです。

そこで、ゲゼルはこういいます。

「諸商品は老化し、錆つき、損なわれ、砕ける。われわれが商品について語る欠陥や損失に対応する物理的特質を、貨幣がもつようになるとき、ただそのとき、貨幣は確実で、迅速で安価な交換の用具となろう。なぜなら、いかなる場合にも、どのようなときにも、貨幣が商品よりも選好されることはないだろうからである」

つまり、お金を時の経過のなかで傷んでいくものにしなければならないということになります。

そこでゲゼルが提案したのが自由貨幣（消滅貨幣、スタンプ貨幣）です。これは実は、いろいろな方式があります。ゲゼルが最初に提案したのは、計表自由貨幣で年初には１００の価値が年末には95に減価する自由貨幣紙券で、紙券の流通価値が紙券に印刷された表に示されているものです。スイスの商人ジョルジュ・ノルドマンはスタンプを押したり、印紙のような小さな紙券を貼付《ちょうふ》するスタンプ自由貨幣の方式を考えだしました。これはゲゼルの採用するところとなり、実際に実践されることとなりました。しかし、こうした方式のほかに、シリアル自由貨幣、補充自由貨幣など、貨幣の減価分を負担する、つまり持ち越し料金を負担することで貨幣を減価させようとする各種の方式が存在します。しかし、ここでは一番知られているスタンプ貨幣を取り上げましょう。その仕組みの解説でわかりやすいのが経済学者アーヴィング・フィッシャーのものです。そこで、彼の説明を見てみましょう。

スタンプ貨幣は従来使われてきたような、見限られている正規通貨の一般的な代替物である。額は少額で期間も短い。

スタンプ貨幣には二面ある。

第一に、貨幣に似ている。預金することも、投資することも、使うこともできるからである。

第二に、貨幣に似ていない。保有されえないからである。

つまり、スタンプがスタンプ貨幣に〝活発なステップ〟を踏ませるためである。典型的なスタンプ貨幣は多かれ少なかれドル札に似ている。しかし、これが通常の貨幣と間違われることはない。色とデザインが違っているのである。ふつう、その券面には、交換協会や事業者協会の、または特殊なケースではこの発行元である町の名称がある。しかし外観は違っているけれども、この代用貨幣には、目立つように額面金額が表示されており、（合意によって）通常の貨幣の購買力と等しい購買力がある。実際、合意の一部には、1年間、流通したあとで貨幣と引き換えられるべきことが含まれている。

反対側にスタンプがあるかどうか調べるため裏返す前に、これが発行される状況を検討してみよう。また、どのようにこれが流通に投じられるようになるかを見てみよう。典型的なケースは、ある町がこの町の流通媒介物への純然たる追加として、この代用貨幣で1000ドル発行する場合である。その流通は完全にローカルなもので、当初、使われるのはその町の新規の仕事に従事する労働者たちへの給料の支払いであろう。当然、町は最初に労働者の同意を得なければならないし、また、労働者が家族を扶養《ふよう》するのに必要なものを購入する地域の商人たちの同意を得なければならない。誰もがその額面価額に従ってこの代用紙幣を受領するという同意である。この同意は決して全員の同意を必要としない。いくつかの事業所がこれを受領するなら、残りの事業所も争って同じようにせざるをえないであろう。そして、ある数の人々がこれを受け入れてしまうと、別の人たちもこれを受け入れることであろう。

しかしこの合意は、一定の流通期間（ふつう1年）のあとで、この代用紙幣が現金にふたたび換えられるという町の保証なしには迅速に使えるようにはならないであろう。それで、町はこのことに合意し、代用貨幣の期日満了までに現金で1000ドル集めようとする。町は集めるのに1年間かけ、代用貨幣の流通に対する一種の〝巡回税〟とでも呼べそうな方法で行う。

それではこの代用貨幣の反対側を見てみよう。そこには並んだ52個のスペースがあり、1年間の毎週水曜日を示す日付が記されている。これらのスペースのそれぞれは、郵便切手に似た、小さな貼付用スタンプを貼るためのものである。このスタンプは町で1枚2セントで売られている。これは当初、全員が合意した計画の一部である。水曜日になったら、該当欄にその日のスタンプが貼り付けられていないかぎり、誰もこの代用貨幣を使えない。過ぎ去った水曜日用の欄に未払いがあってもこれを使えないし――この未払いを払わなければならない――、たとえあなたがスタンプを貼らないで使おうとしても、次の受取人はあなたの顔を見て笑いだすであろう。彼は以前の保有者の怠慢によって〝苦境〟に陥ろうとはしない。あなたが期日までのスタンプを全部貼るしかない。さもなければ彼にはこの代用貨幣を拒否する自由がある。したがって、あなたはスタンプを貼りきらねばならないばかりか、次の人と同じくらい洞察力に溢れていなければならない。あなたはすでに、あなたに厳しさを感じさせた後続の人と同じようにあなたの先行者に厳しかったに違いない。まったく、ここには滞りがない。

しかしもし、この代用貨幣に最終水曜日までスタンプが滞りなく貼られると、次の水曜日までスタンプを貼ることなく自由に使える。

割りあてられた年度の52週の終わりに、1ドルの代用貨幣は引き換えられて町の金庫に戻ることになるが、金庫には、52週に支払われた1ドル4セントがあり、この証券の買い戻しに使われるのである。要するに、代用貨幣で1000ドル発行して、それ以上の1040ドルが手元にある。超過分40ドルはスタンプの印刷費やこの計画の管理費用に充てられる。

こうしてこの代用貨幣は自己を清算する。

しかし、労働者と商業に従事する人は、町が安全を保証しないとこの計画に同意しないかもしれないので、町は銀行で簡単な帳簿上の取引でこれを行うことができる。町は銀行から1000ドル借り入れ、代用貨幣を使う人たちの保証で、これを銀行に預金しておく。割りあてられた年度の終わりに、銀行の満足のいくように、代用貨幣が回収されるとき、貸し付けはキャンセルされる。町は何も支出しない。また、永続的な法貨1000ドルが一時的なスタンプ代用貨幣に置き換えられるために、1000ドルが流通から引き上げられることもない。なぜなら銀行は帳簿上の取引をするにすぎないのだから。銀行は1000ドルをしまい込むことはないのである。

法貨はまとめあげられ、担保として銀行の安全な預金箱に保管されるが、この年度が終了し、代用貨幣が回収されるには、いくつかのケースがあるにしても、拘束された法貨１０００ドルは、低い流通速度で流通するものであり、誰もが保有してきたのである。しかし、一時的にこれにとって代わった代用貨幣の１０００ドルは快速の貨

スタンプ代用貨幣の表側（写真上）。その裏側（写真左）には、２セントのスタンプを貼るべき52個のスペースがある。

幣である。誰でも保有は可能だが。

なぜ代用貨幣にするのか。このスタンプ代用貨幣の側にあるこの格別のスピードの秘密は何なのか。秘密は水曜日に義務づけられるスタンプにある。水曜日は税金の日だから、この日までに、つまり木、金、土、日、月、火に欲しい物を購入しようとする。次の受取人は水曜日の夜にこのスタンプを貼らないかぎり、これを使えないということになる。これは、2セントのスタンプ・タックスから逃れるために、スタンピング・デー（水曜日）までにできるだけ早く買い物をするということであり、そうしなければ、これを支払わなければならないということである。

もちろん購入を行わなければならない義務は何もない。当初、この代用貨幣を使うことに同意した企業や銀行に投資したり、預金したりすることもできる。そうこうするうち、ほんとうの貨幣の支出をしたくないと思っているような不況のなかで、この格別な流通速度が最高の利益をもたらすこととなる。

代用貨幣について、私はこれが一種の巡回税を構成するものだといった。注意してほしいのは、最良の国民は、正当になしうるなら、つねに税から巧みに身をかわすということである。いずれ税からうまく身をかわすことは宿命になる。例えばフランスでは、だいぶ以前、窓税があった。この税は、人々にほとんど窓がないか、まったくない家を建てさせた。その結果、肺結核による死がもたらされた。不当なやり方ではなく、税から逃れたが、悲運にあったのである。この税は痛みを伴うばかりか、破壊的でもあった。

カナダ・アルバータ州政府発行の繁栄証券（1936年にスタンプ貨幣の形で発行された）。

スタンプ代用貨幣でも、課税当局は国民の大多数が回避しようとする税をもつことになる。税を次の人間に先送りすることで、代用貨幣の流通スピードがあがり、そのことがこの貨幣の目的であるからである。それに、流通スピードがあがればあがるほど、町の税収は減らないのに取引金額で見た税負担は減るのである。例えば、ある雑貨商がある週（6営業日）に16ドルの代用貨幣を受領し、支払うとする。うち15ドルが水曜日をはさむ5営業日に出入りする。それで税額は販売高につき1ドルあたり2セントではなく、恐らく（水曜日に出入りした1ドルにかかる）2セントである。（16ドルにつき税額は2セントの6分の1掛ける16だから、5・3セントとなる）。この額は代用貨幣の助けを借りて販売した額（16ドル）の1％の3分の1の売上税にあたることになる。そのうえ、この売り上げのほとんどは、追加売り上げである。雑貨商は代用貨幣が彼にもたらしてくれた新規売り上げにのみ課税されるのである。この税は痛みがないばかりか、役にも立つものである。

貨幣の効率性はその流通速度で乗じた貨幣量で決まる。代用貨幣の流通速度はどれくらいだろうか。最も少なく見て、平均して代用貨幣は週に2回使用されるであろう。この速度はふつうのドルの平均流通速度の4倍である。不況時には、ドルは平均して通常の3分の1近くの速度で流通するので、代用貨幣の週2回の回転は不況時の通常貨幣の平均値の12倍となる。

もちろんこのことは、取引が12倍行われることを意味しない。スタンプ貨幣が全流通量の大部分を占めるようにはならないからである。それに通常の通貨の一部は代用貨幣のために流通から引き上げられるだろう。

それに、スタンプは売上税よりも保有税に似ている。保有しているとこの税は重く、使う(か、投資するか、預金する)とこの税は軽い。

このスタンプが税金になぞらえられるなら、代用貨幣自体は貨幣にたとえられる。しかし私が思うには、町の発行する将来の日付の入った小切手になぞらえるのが適切である。代用貨幣は、少額で、ひどく貧乏な人たちに分配されるか、それとも、最初の受領者に無償で与えることで、万人にとって、真に全体としての民衆に対する貸し付け――民衆による民衆への貸し付けとなる、という主張さえあったのである。見方によっては、代用貨幣は出ていき、戻ってくる、そして小切手のように帳消しにされる。違うのは多くの人の手を、裏書きなしに渡っていくことである、といえる。それに無料で何かを与えるケースはない。回復した伝送ベルトは、代わりの何物もなしに何かを伝送するのではなく、商品の代わりに商品、サービスの代わりに商品、商品の代わりにサービスを伝送するのである。

チャールズ・ツィルシュトラは米国に（西部の小さな町で）スタンプ代用貨幣を初めて導入しようとした人間であるが、こんな話をしている。旅行するセールスマンがホテルに入り、フロント係に、24時間後に返してもらうからといいながら、安全に保管してくれと、100ドル札を渡した。フロント係、名前をAとするが、彼はBに100ドルの借金があり、内密にこのお金を負債の清算に充ててしまった。24時間たつまでの間に自分から金を借りている人間（名前をZとしよう）から100ドル返してもらおうと考えたのである。それで、100ドルはBにいき、大変驚いたBは100ドルの負債をCに支払い、（同じように驚いた）Cは同様に行い……以下同様……つまるところ100ドルはZにいった。大変喜んだZは、お金をフロント係のAに返却した。朝になって、Aはセールスマンにこれを戻した。セールスマンがこの札を使ってたばこに火をつけるのを見たフロント係のAは、ゾッとしてたちすくんだ。

「偽札《にせさつ》だよ」

セールスマンはいった。

「頭のおかしい友だちがだまそうとしてくれたのさ。でも、奴には勝てないやね」

ここで、全員が行ったことの結末を見てみよう。その年の終わりに、町には、代用貨幣で費用をまかなった新しい街路ができた。それは代用貨幣を使った市民たちが（スタンプを通して）支払ったものである。街路は使われていくことだろう。

代用貨幣は、新規の取引につき1％の3分の1のコストを市民に負担させる。ところが、街路は町に（町の財政から見て）何も負担させない。しかし、もちろん町は市民でもある。それで、これまでのさまざまな説明は次のように要約される。市民はほとんど新規の取引にかかる税を自己に課すことで新たな街路を購入した。それも、非常に軽い税負担で、彼らがこれまで負担した別のどの税よりも広がりのある税で、である。

したがって、私が出会ったスタンプ代用貨幣に対する主要な反論は、人々がこれを拒否するだろうし、理解されないだろうから、機能しないだろうというものである。

しかし、このようにいう人は、あとでこういうことになる。「自分は数百年前のイギリス人のようであったに違いないと思う。彼らは蒸気機関が、なめらかな車輪はなめらかなレールをとらえることができないから動くことなど無理といったのだ。ロンドンでこう語られているとき、スティーブンソンはスコットランドで蒸気機関車を走らせることに成功したのだ」

人々はよく同じことをいうものである。誰かがちょうど実行しているときに「それは不可能だ」と。

3　よみがえる補完通貨の経済史

FFF運動

こうしたゲゼルの思想はドイツやスイス、オーストリアなどで支持者を得ていくことになります。その支持者には多種多様な人々がいましたが、一つの社会運動として成立していきます。自由経済運動といわれたのがそれです。この運動が発展するには、ゲゼルと非常に親しい関係をもっていたゲオルグ・ブルーメンタールが大きな役割を果たします。労働者階級出身の彼はすでに徒弟時代から当時の社会主義政党の一つ、独立社会民主党のパンフレットを配るなどしていました。ベルリンに出て、ゲゼル理論を知ることになってから、彼は各種の社会主義団体や労働団体にゲゼルの思想を広めようと尽力しました。

当時、ゲゼル理論を母胎とする運動は、自由土地、自由貨幣、安定通貨という言葉の頭文字をとってFFF運動といわれていました。自由貨幣は先に説明したようなものです。現行の貨幣システムではプラスの利子というプレミアムが不可避であるととらえ、経済生活から利子を除去しようとする実践上の提起が自由貨幣であったわけです。しかし自由貨幣は単に貨幣や市場、利子を問題にするにとどまりません。貨幣は最初、交換手段として人間に奉仕する、その意味で召し使いとしてつくられましたが、いまの仕組みのなかでは、逆に人間が仕える主人になっています。この貨幣システムの改革は貨幣の権力によって押さえ込まれた人間や自然を解放するはずですし、文化の伸張、個人や民族の発展など社会秩序のあり方を変えていくはずです。そうすると、自《おの》ずから貨幣だけが人間社会の障害ではないことが認識されていきます。現在あるような貨幣がその保蔵機能によって市場の門を閉めるボルトとして機能し、交換を妨げているのであれば、現在の土地制度は自然の機会という門を閉じるボルトであり、生産の妨げであることも認識されていきます。貨幣の王権の証である利子を除外した交換への権利は人間にとって大切なものです。であれば、土地に対する王権の証である地代を除外した生産への権利も同様の重要性をもっています。この事実はゲゼルがきわめて明瞭に意識し、何の恐れもなく非難したものです。彼によれば、人は自分の土地を所有しているとか、所有権から利益を得る者なのだとかいう幻想に惑わされるべきではないのです。

彼が示すのは土地に対する私的特権は自然の法則に違反していること、理論的に間違っており、実践的には苦痛をもたらすものだということでした。彼は自由土地の綱領を掲げこうした体制の問題の解決をめざしました。

彼の私的土地所有制度に対する実践的処方箋《しょほうせん》は完全な補償による土地の収用でした。この補償は、貨幣を使ったり、インフレを利用するような方法によるのではありません。補償は新しい土地証券によって実行され、これを可能にしうるのが自由貨幣であるとされました。自由貨幣は退蔵することで損失を生じますから、債券が利子を稼がないときでさえ債券に対する需要をつくりだします。自由貨幣の影響下では、利子率は漸進的に低落するでしょうし、最後にはゼロにまで達すると期待できます。したがって、こうした利子の変化に対応する証券が土地所有者への補償に活用されます。初年度には、総地代収入で証券の利子を支払うよう要求されますが、その後は利子は低下していきます。総地代収入は安定的であるか、増加しさえしますから、最終的にこの補償は地代収入によって支払いが終わり、国民が土地の継承者となると期待されました。そうなると賃金は国民が総労働収入を吸収するところまで上昇することになります。そして、人間の搾取は終焉《しゅうえん》を迎えることになるというわけです。このようにゲゼル理論では土地と貨幣の改革が完全に結びつけられていました。

また、公有化後の土地の用益権の対価である地代が、社会生活の基本を支えている母親や子どもに年金を支給したり、女性の家事労働に報酬を与えていく源泉として期待されていた点もゲゼル理論の独創的な、フェミニズム的な性格を表現していると指摘されています。

安定通貨は、インフレやデフレによって通貨の購買力が変動し、ある人には不意の棚ぼた利益が発生したり、別の人には突然の災難がもたらされたりするような貨幣購買力の変動を適切な通貨政策で回避しようとする考えでした。この考えは後年、ケインズの『貨幣改革論』にも見つけることができます。

運動の発展

ブルーメンタールの積極的な活動で、自由経済運動はのちの発展を担う中心的なメンバーを獲得していくことになります。彼は1909年から10年にかけてゲゼル理論の政策を推進するサークルを設立し、一時アルゼンチンに帰っていたゲゼル自身もこれに参加します。また自分たちの出版社も設立し、ゲゼルの『自然的経済秩序』を刊行しました。ここに、ゲゼル理論はその推進母体をもつことになり、支持者は拡大していきます。彼らは自らを「重農主義者」と呼び、1913年には支持者の増加に伴い組織を「重農主義者連盟」へと組織変えしていきます。

なぜ重農主義者といったかといえば、フランス啓蒙主義の時代にフランソア・ケネーをはじめとした重農主義者たちが自然的秩序の理論をもって封建的な絶対主義に対抗しましたが、彼らはそれに自分たちの貨幣改革や土地改革の運動をなぞらえたからです。

この組織はその目標を「資本主義経済から搾取のない自由な国民経済への転換」におき、組織も参加者個々人のイニシアティブに任される自由な組織でした。メンバーやそのグループは特定の世界観を押しつけられることもなく、自分たちの目標を達成するには頑迷なドグマや独断から自由でなければならないという価値観に鼓吹《こすい》されていました。

ワイマール共和国のハイパーインフレは皮肉なことにゲゼル理論の支持者の拡大に

貢献しました。勢力は急速に力をつけ、支持者は1万5000人に達しました。しかし、この組織は1924年には穏健かつリベラルな「自由経済同盟」と急進的な「重農主義者闘争同盟」へと分裂します。ゲゼル自身は後者に所属し、資本主義経済では避けることのできない国民の利子奴隷状態と政治社会への隷属《れいぞく》状態をなくさなければならない、という目標を掲げました。ゲゼルはそのための計画案を起草しましたが、その主要なものは以下の通りです。

——個人のイニシアティブによって代替できるものは何であれ行政の廃止を支持する。自己責任を負った、自由な個人の発現を求める……

——行政による慈善、保護、福祉の強要に反対する……

——家庭生活……に対するあらゆる官僚の干渉に反対する。戸籍役場、人間の登録制度、婚姻制度に反対する……

——国立の、学校、教会、大学、芸術・科学アカデミーに反対する……

——義務教育や強制接種などのあらゆる官僚による強制の廃止を支持する……

——戦争に反対する。国家や独裁者、強奪者による兵器の独占に反対する。階級経済、階級国家に反対する。後見人制度に反対する。共産主義に反対する。

――個々人の生きる喜びを支持する。国家の「生きる喜び」に反対する。

こうした市民の自由に価値をおく運動は、世界的な経済危機のなか、ルール地方やハンブルク、その他の大都市に拡大し、反資本主義のための統一した戦線を築くよう広く大衆に訴えていきました。しかし、「自由経済同盟」の支持者のなかには、こうした傾向に賛同しない人たちもいて、ゲゼルがバイエルンの評議会共和国の財務担当人民委員（大蔵大臣）を務めたことも含め、ゲゼルがあまりに勤労階級の肩をもちすぎていると批判する勢力も存在しました。彼らから見ると、ロシアのボルシェヴィズムと変わらなく見えたようで、しかし、それはゲゼルの思想を誤解していたといえます。

以前から、ゲゼルはブルーメンタールとともに、社会民主党を支持していた勤労大衆の獲得に努め、当時、社会民主党の有力者であったエルンスト・ニーキッシュに、FFF運動がめざす自立した、自由な経済の優位性を納得させ、党内で情報宣伝するという約束を取りつけることに成功していました。これは、1919年のバイエルン評議会共和国が成立する前年のことで、こうした自由経済への理解を求める活動が、バイエルン評議会政府の中心人物であったクルト・アイスナーやグスタフ・ランダウアーらの理解を得ることとなり、「自由経済顧問団（ゲゼルと友人の数学者クリステン、独立社会民主党員のポレンスケ教授で構成）」としての政府への参加につながったといえます。しかし、この政府が非常に短い期間しか続かなかったことは前述しました。

バイエルン革命敗北後、ゲゼルは自由経済運動の展開を見ながらも、ベルリンで著述に専念する生活を送ります。しかし、ワイマール共和国の進展していく様子をつねに見守っていましたので、いくつもの政策提言を発表していきます。戦後ドイツの復興費用をまかなうために、大土地所有や大資本に最高75％の財産課税をかけると同時に、ドイツの資本形成を容易にして戦勝国への賠償金支払いを可能とするため、農地改革や貨幣改革の意義を説きつづけました。ゲゼルは、ワイマール共和国の政府がハイパーインフレの政策をとることで、金持ちには有利になり、中低所得層には過酷な収奪が行われ、賠償金支払いが遅れ、ドイツが外国資本頼みになる状況に抵抗しようとしました。しかし、ようやくレンテンマルクが安定してくると、政府は経済危機につながる金本位の導入を企図します。ゲゼルの批判は聞き入れられることはありませんでした。それでもゲゼルの言論戦は続きます。

狭くドイツにとらわれず、資本主義から脱した世界通貨秩序を構想し、最終的には戦争につながるような独占や関税障壁をなくした、そして保護貿易主義や植民地侵略のない開放的な世界市場の形成を構想しました。いまあるＩＭＦ体制とは違った、どの国の国民通貨に対しても中立的な世界貨幣を発行する「インターナショナル・ヴァルタ・アソシエーション（国際通貨協会）」を設立し、世界貿易の均衡が維持される体制を構想したのです。この構想は第二次大戦後のケインズ案とともに、これからの国際経済秩序を考えていくうえでも十分に参考に値する議論となっています。

大恐慌の時代に入ると自由経済運動は、一方で当時の政府のデフレ政策が経済に壊滅的な打撃をもたらすことを警告しつづけ、他方で自由貨幣を採用した実践活動に着手します。こうした取り組みは最終的には、ドイツ帝国大蔵省のブリューニヒ緊急命令で禁止されることになりますが、世間の注目を集める活動となりました。

補完通貨の実践

大恐慌期、自由経済運動はドイツばかりか、世界の各地で多くの支持者と実践を生みだすことになります。ゲゼルのいう自然的経済秩序とは、自由貨幣がもたらす、景気循環が阻止され、自由で公正な、そして繁栄する経済秩序を指します。一般に、好況期には投資が増加し、これには利子率の低下が伴います。その結果、あるところまでいくと、貯蓄された貨幣は投資されずに保有されてしまい、不況が訪れます。そうすると、積極的に拡張主義的な通貨政策がとられます。しかし、通貨の量は増えてもお金は回りません。貨幣の流通速度が低下するからです。

端的にいってこれを回避しようとするのが自由貨幣です。ゲゼルは、毎週一定の減価する比率について、週あたり0・1％、年あたり5％を提案していました。この5％というのは、貨幣が価値の保蔵機能やその流動性の点で他の財に比べて優れたものであるという特権によって、その貸し付けには、長い歴史を見てもつねに4～5％の利子が成立していたという事実に基づいています。貨幣を他の財と同様の地位におくには、この貨幣利子の4～5％の部分、ゲゼルはこれを基礎利子と呼んでいますが、これを相殺する負担をかける必要を感じていたわけです。貨幣の保有者は額面価額の減価を回避するためには紙券にスタンプを貼付しなければなりませんが、そのスタンプ代が保有者が負担すべき減価額にあたるということです。

こうした考えを、国家が発行した本位貨幣、つまり国民通貨とは別な通貨を出すことで実行しようとする運動が大恐慌をきっかけに発生します。恐慌は貨幣の蓄蔵への傾向を強め、それがまた貨幣の蓄蔵をいっそう加速させます。そして不況は貨幣が回らなくなることで深刻さを増します。そうした貨幣の欠乏を補うために補完通貨の取り組みがはじまるのです。それは他の財と比べて優れたものではありません。取引の際に交換手段としてだけ使われるものです。取引で維持されるお金の価値は、他の財のように減価しなければなりません。そこで最初、ドイツのバイエルン地方の山中にあるシュヴァーネンキルヘンという小さな町で開始された自由貨幣は財で担保される形をとりました。財の、時の経過のなかで減価する減価率を反映する比率がお金の持ち越し費用としてスタンプを貼ることで負担されるようなシステムが採用されました。

シュヴァーネンキルヘンの奇跡

シュヴァーネンキルヘンはドイツの東南部、バイエルンの森にある石炭鉱山の町で、人口は500人たらずでした。しかし大恐慌の影響はこの小さな町が依存していた石炭鉱山を閉山に追い込んでいました。1929年以来、どの鉱山会社も操業は停止状態にあったのです。鉱山で働く労働者は失業状態におかれていましたし、彼らを相手の町の商店も売り上げが期待できない状況でした。

この町にも、ドイツやスイスに広がった自由経済運動の考えが波及していました。ゲゼル理論を実践してみようというグループがいたのです。彼らはニーキッシュなど

ドイツ・シュヴァーネンキルヘンで1931年に発行された自由貨幣「ヴェーラ」。

から知識を得ていました。そのなかに小鉱山の所有者、ヘベッカーがいました。1931年に、恐慌でつぶれた鉱山を4万ライヒスマルクで借り入れた彼は、これを担保にして自由貨幣の発行を企てます。ゲゼル理論の支持者らは、発行団体を組織し、実際はその鉱山の石炭を担保にした自由貨幣を発行します。この貨幣は「ヴェーラ」と呼ばれました。炭坑の経営者は、労働者たちに、「竪《たて》坑《こう》をつくりたいが、お金はまったくない。でもヴエーラがある」と説明し、彼らはそれを信用したわけです。こうして鉱山は再開し、仕事がない労働者は喜んで働きはじめました。労働者の給料のうち、3分の2がヴェーラで、3分の1がライヒスマルクで支払われました。しかし、町の商店はそれを受け入れません。そこで経営者は従業員用の店を設け、日常生活の必要品を仕入れてヴェーラで売ることにしました。それで事情は一変しました。数ある商店の客が殺到したのです。こうしてヴェーラは流通しはじめました。ゲゼルの支持者たちは、ヴェーラを知らない客がいる前でヴェーラを使って買い物をして見せます。客はヴェーラに関心を示します。少しするとヴェーラの発行団体に、ヴェーラに冷淡だった商店の人間たちが大挙して押しかけ、われわれにもヴェーラを扱わせてくれ、どうしたらいいんだ、といってきました。そうして奇跡が起きたのです。ドイツ中のゲゼル理論に同情的だった数千の小売店もヴェーラを受け入れます。多くの企業もヴェーラを受け入れ、周辺の町も関心を示すようになりました。不況で苦しむドイツでは当然話題になり、ニュースが全国に流れました。それがまた、ヴェーラの拡大に寄与しました。

しかしこれはまた帝国銀行がこれをライヒスマルクに対する脅威とみなして禁止することにもつながりました。ヴェーラは同年11月、禁止されます。金と兌換《だかん》できる紙券であるライヒスマルクよりも人に選ばれ、使われ、取引の役に立ったのに禁止されたのです。人々はもとの絶望的な経済状況に舞い戻るしかありませんでした。ライヒスマルクは循環していないのですから、鉱山はふたたび閉鎖の憂《う》き目にあうことになりました。

当時の舞台となった鉱山の跡地を訪ねてみました。シュヴァーネンキルヘンの郵便局に勤めながら、郷土史研究家としてヴェーラに関する資料を収集してきたフランツ・フィッシャーが案内してくれました。シュヴァーネンキルヘンの町を見下ろす丘陵地には、わずかに当時の鉱山事務所の建物の礎石が残されているばかりです。彼は語ります。

「帝国銀行はヴェーラの発行から使用までのすべてを禁止してしまいました。1931年10月のことでした。経営者は労働者たちを手放さざるをえず、彼らはまた失業状態に戻ってしまいました。ナチスが権力を獲得したのは1933年です。もしこの試みが禁止されずに各地に広まっていたら、ヒトラーの第三帝国の台頭を食いとめられたのではないかと思います。失業者たちがドイツ中に溢れていたということが、国家社会主義者の台頭を許したのですから」

しかし帝国銀行のデフレ政策に挑戦するこうした試みは使用禁止の法令の成立によって禁止されましたが、ドイツ国内で影響力をもちつづけると同時に、周辺諸国、そして北米へと伝播《でんぱ》していくことになります。

ヴェルグルの実験

ドイツのシュヴァーネンキルヘンはオーストリアとそれほど離れていません。1932年、オーストリアのスイス国境に近い、ザルツブルク近郊の町ヴェルグルで、同様の試みが実行されます。現在のヴェルグルは、人口1万人を擁する観光地です。もともとはチロルの寒村でしたが、鉄道が開通してからは、スイス、ウィーン、ドイツを結ぶ鉄道交通の乗換駅として順調な発展を遂げてきました。30年代に入ってオーストリアでは観光産業がおこりつつありました。ヴェルグルも町の将来を観光産業に見いだそうとしていました。しかし世界恐慌は、このオーストリアの地方都市にも深刻な不況をもたらし、生産は停滞し、失業者は町に溢れました。町は急速に破産に向かっていったのです。工場は次々に閉鎖に追い込まれていき、失業者は日増しに増加していきました。しかし、新規事業は何も着手されず、町への税納付もほとんど行われない状態であったのです。

ヴェルグルには長い間、ゲゼル理論を信奉していた鉄道工夫のウンターグッゲンベルガーがいました。彼は町長に選出されると、1932年8月1日、これを実践しようと試みます。当時、ヴェルグルの人口は4300人、そのうちの1500人を、町は公共事業を開始して、雇い入れます。道路の整備、橋の建設、スキーのジャンプ台など、観光地としてヴェルグルをよみがえらせるための事業です。その代わりに失業手当の支給はやめました。そして賃金の支払いのために、1シリング、5シリング、10シリングの、町独自の労働証明書といわれる地域通貨を発行したのです。公共事業

1930年代にゲゼル理論の実践としてオーストリア・ヴェルグルで発行された地域通貨「労働証明書」。写真は5シリングのもので、裏側（写真下）には宣言文が記されている。

に従事した労働者ばかりか、町の、町長をはじめ、すべての職員も給与の半分をこれで受け取りました。

ヴェルグルを訪ねました。ヴェルグル駅のそばにあるヴェルグル郷土博物館に当時の写真、新聞記事、ゲゼルの著書や写真など、自由貨幣の実践に関する資料や写真が陳列されています。

労働証明書の現物を見せてもらいました。この紙券の特徴は毎月1％減価していくところにあります。紙券の表を見ると12ヵ月分の桝目があり、スタンプが貼られています。この紙券は、保有していると、月末には減価分に相当するスタンプを町当局から購入して紙券の裏に貼らないと額面価額を維持できないのです。町はこのスタンプの売り上げを貧困者の救済基金に充てました。

紙券を裏返すと宣言文が記されています。

「諸君！　貯め込まれて循環しない貨幣は、世界を大きな危機に、そして人類を貧困に陥れた。経済において恐ろしい世界の没落が始まっている。いまこそはっきりとした認識と敢然とした行動で経済機構の凋落《ちょうらく》を避けなければならない。そうすれば戦争や経済の荒廃を免れ、人類は救済されるだろう。人間は自分がつくりだした労働を交換することで生活している。緩慢にしか循環しないお金がその労働の交換の大部分を妨げ、何百万という労働しようとしている人々の経済生活の空間を失わせているのだ。労働の交換を高めて、そこから疎外された人々をもう一度呼び戻さなければならない。この目的のためにヴェルグル町の労働証明書はつくられた。困窮を癒し、労働とパンを与えよ」

宣言文にはこの紙券の発行を決意した当時のヴェルグルの人々の切実な思いと、この貨幣が必ずや街の経済を再生させるだろうという、実践への確信が書き込まれています。

その思いと確信は現実のものとなります。労働証明書は非常な勢いで町をめぐりはじめます。それはこうした原理でした。貨幣にかかる持ち越し費用、つまりスタンプ代は一種の税ですが、これはお金を使ってしまえば回避できるものです。そこでこの紙券を受領した人間はできるだけ早く、そしてオーストリア・シリングよりも先に使おうとします。紙券は猛烈なスピードで循環しはじめ、循環するほどに、取引を成り立たせていきました。町には税金が支払われるようになりました。あまりに早く税金の支払いという形で町に労働証明書が環流してくるので、町の会計課の役人が、これは誰かが偽札を刷っているに違いない、と叫んだほどです。そんなに発行していないのに、どんどん町に戻ってくるからです。

当初、町はビルや排水路の建設などの公共事業の資金にこれを支出しました。こうした事業がなければ失業したままの人間に賃金として支払われていったのです。労働証明書は最初、１８００シリングが賃金の支払いに使われたそうです。これを受け取った人間はすぐその足で商店に駆け込みます。これを受け取った商店主はただちに町に滞納していた税金の支払いに使います。町はふたたび公共事業のためにこれを支出します。貨幣の流通する速度は平均12くらいだったといいます。10シリングの労働証明書が月に12回流通したわけですから、１２０シリングの取引を発生させたことになります。町はこの労働証明書の発行後、４ヵ月で10万シリング分の公共事業を実施でき、もちろん滞納された税は解消され、なかには税を前納したいといいだす市民も現れたそうです。町の税収は労働証明書発行前の8倍にも増え、失業はみるみる解消していきました。商店は繁盛し、ヴェルグルだけが、大不況のなか繁栄する事態となりました。

当然、大きな評判となります。ヴェルグルの奇跡です。評判は一国にとどまらず、まるで巡礼地のように世界中から多くの経済学者たちが足を運んだといいます。

オーストリア・ヴェルグルでの地域通貨発行の実験は成果をあげたのだが……。

チューリヒ連邦大学の工学士クロウド・ブルデはヴェルグルの評判を聞きつけ、町を訪れた一人です。ブルデは労働証明書の発行からちょうど1年後の町の様子をこう書き記しています。

「以前はそのひどい有様で評判の悪かった道路が、いまでは立派な高速道路のようである。市庁舎は美しく修復され、念入りに飾り立てられ、ゼラニウムの咲き競う見事なシャレー風の建物である。新しいコンクリートの橋には『一九三三年自由貨幣により建設』と誇らしげに銘が刻まれている。至るところで、シルビオ・ゲゼル通りに見られるような新しく洒落《しゃれ》た街灯が目につく」(「国民経済の新たなメッカ——ヴェルグルあるいは消滅貨幣」『イリュストラシオン』1933年9月号)

いまでもヴェルグルにはシルビオ・ゲゼルの名が付された通りや、当時つくられた橋やスキージャンプ台が残され、当時の繁栄の痕跡を見ることができます。

こうした学者やジャーナリストの報告は驚きと希望をもって迎えられました。米国の経済学者アーヴィング・フィッシャーもヴェルグルに調査団を送りました。これは同じく不況に苦しむ米国に福音となり、北米に類似の実験が急速に拡大していくきっかけになりました。

当時のヴェルグルの市民自身は、自由貨幣が巻き起こした奇跡をどう受けとめていたのでしょうか。ベルンの商工業市議会および州議会のメンバー、フリッツ・プフィスターはヴェルグルを訪れ、一軒一軒商店や家庭を回り、町の人々にインタビューしています。当時の人々の生の声を聞いてみましょう。

質問1「このような貨幣改革のほかに、現在の厳しい状況から抜け出す可能性があると思いますか？」

商工業連盟会長「市は抵当に入れることのできるものはすべて担保として与えていたので、このほかに有効な可能性はありませんでした。もしもこの貨幣がなかったならば、いまごろ商店など一つもなくなっていたでしょう」

ブリキ職人「他の可能性など絶対にありません」

薬剤師「いいえ、そんなものがあればこのような策は思いつかなかったでしょう」

質問3「この貨幣の安全性をどのように判断しましたか」

警察巡査部長「初めは私も疑わしいと思っていました。ある強盗事件の際、犯人はオーストリア貨幣だけを奪い、ヴェルグル貨幣は投げ捨てていったのです。だから犯人はよそ者に違いありません。地元の人間ならもって逃げたでしょうから」

カトリック司祭「この貨幣の安全性は疑うべくもありません。だって補償資金が完全に明らかだとわかっているのですからね」

仕立屋「私はそんな貨幣が発行されるということをまったく知りませんでしたが、あまり考えもせずに受け入れました」

靴職人「このおかげで多くの人々はまたお金を手に入れたし、失業保険をもらっていた時にはできなかったことをするようになりました。それに貨幣自体はその価値を何も失ってはいません。だって市が買い戻しているんですから」

質問4「商品購入のためにこの貨幣を使用しましたか、それとも法定貨幣と交換していましたか？」

経営者「われわれの工場はふたたび操業できるようになりました。ですから従業員へ給料を支払うために市から確認書（労働証明書）を買い取ることにためらいはありません」

ブリキ職人「たしかにいくらかは換金しましたが、それ以外は請求書や税金の支払いにあてたり商品を買ったりしました」

デパート所有者「大部分はたしかに商品の購入にあてました。これが主な利点なのです。貨幣は市内にとどまり、闇取引のような行為はありません。もっともこの地の商人がいくらかその手のことをしているかもしれません。確認書払い戻しの際の2％控除はまた節約できるでしょう。だって貨幣は自由に使えるのだし、人々はそれで割引の恩恵に浴しているのですから」

質問5「この貨幣は市民たちにどのように受け入れられましたか？」

ブリキ職人「良いものだと思います。理論的な理解は少し足りませんが」

デパート所有者「異議なし」

酒屋の主人「近隣の町クンドウルの飲食店の主人にさえも良いものです」
映画館所有者「私は歓迎しています。一月の非常時対策工事の終わり頃、私の収入の10%は確認書でした。現在はすでに24%になっています。きっと私の収入増加は確認書によるもの、つまり、この確認書なくしては来なかったであろう人々によるものといえましょう」
(フリッツ・プフィスター『貨幣と労働』1933年。フリッツ・シュヴァルツ『ヴェルグルの実験』より。ゲゼル研究会訳)

このように労働証明書は当時のヴェルグルの人々から圧倒的な支持を受けていました。しかしオーストリアの中央銀行は、オーストリアにおける紙券発行の独占を侵害したとして訴訟を起こし、この取り組みを妨害しようとします。ウンターグッゲンベルガーは法廷に立たされることになります。町は、労働証明書が紙券でなく証書であると抗弁しました。もちろん、町の人々も次のように禁止令に対する大きな反対の声をあげ、ウンターグッゲンベルガーを後押ししました。

しかし人々のこうした声にもかかわらず、裁判は中央銀行が勝利しました。この画期的な試みが始められて1年ほどで、改革は終わりを迎えました。ヴェルグルと同じような試みを準備していた近隣の町は裁判所の決定で計画の実行が不可能とされてしまいました。完全雇用に近かったヴェルグルの町は労働証明書の禁止によって、ふたたび30%近い失業率を記録することになったのです。

しかし真に不況を克服するゲゼル理論は一国の禁止によって死に絶えるものではありませんでした。大恐慌が始まった当の米国で実践されてもいたのです。

地下世界へ、そして復活

ドイツにおけるヴェーラもオーストリアのヴェルグルにおける労働証明書も、経済危機のなかで多大の成果をあげたにもかかわらず、国家の貨幣大権という壁に阻まれ終息することになります。

世界中が不況と失業に苦しむなか、ヴェルグルの奇跡は国際的に注目を集めていました。例えば、元フランスの首相であったエデュアール・ダラディエは、自らヴェルグルを訪ね、フランス議会に詳細な報告をしていました。著名な米国の経済学者で、「シルビオ・ゲゼルの控えめな弟子」を自称していたアーヴィング・フィッシャーは、助手をヴェルグルに派遣し調査をさせました。米国の不況を克服するには、ヴェルグル・モデルが必要と考えたからです。

当のオーストリアでは、数百の町の首長が同じ試みを始めようとしていたのに、オーストリアの中央銀行は、これを禁止しようとしたのです。中央銀行は「労働証明書」は貨幣であるととらえ、脅威を感じたからです。

経済危機や失業を克服するために、それらを生みだすお金の流通の停滞を阻止する減価する貨幣のシステムを、1916年にシルビオ・ゲゼルが『自然的経済秩序』で提起し、つづいてルドルフ・シュタイナーが唱え、米国では1933年にアーヴィング・フィッシャーが『スタンプ代用貨幣』で発展させ、英国ではジョン・メイナード・ケインズが1936年の『一般理論』で、シンパシー（高い評価）を示しましたが、そうした理念は禁止されたのです。

ケインズは『一般理論』で、こう述べていました。

「こうした改革家たち（シルビオ・ゲゼルやアーヴィング・フィッシャーを指す）は、貨幣に持ち越し費用を課すことのなかに問題の解決をみてきたのであるが、正しい途にいたのである。このような解決は法定の支払い手段に決まった料金を負担するよう周期的に義務づけるものであろう。……スタンプ貨幣の背後にある理念は健全である」

しかし、健全であるはずの理念は禁止されました。このときから、お金を問題にすることはタブーとなりました。現実の世界と格闘する経済学者の頭脳のなかでも、お金そのものを問題にすることはなくなりました。お金が何をしているかは議論されても、お金はどうあるべきかは語られなくなったのです。

同じ著作でケインズが、貨幣のシステムを変えようとする理念は地下世界の住人(ゲゼルなど)のなかで生きていた、と述べているように、その理念は、ふたたび地下世界へと入っていきました。しかし、健全なものを否定するものが健全であるといえるでしょうか。今日の私たちはそのあとの歴史を、つまり何が起こったかを知っています。ファシズムや共産主義という全体主義の台頭と、かつてないほどの悲惨な惨禍をもたらした第二次世界大戦でした。第一次大戦前、ゲゼルは現行の貨幣システムでは経済危機と戦争が不可避であることを予言していました。その予言があったにもかかわらず、人間は過ちをおかし、二度も的中させてしまったのです。そして、第二次大戦が終了しても、引き続き世界は東西対立による冷戦のなかにおかれることになりました。

実は人類には最後のチャンスがありました。第二次大戦後を見越して、新たな国際経済秩序をつくろうとする協議の場ブレトン・ウッズで、ケインズがマイナス利子の観念に基づく国際清算同盟案を提起しているのです。しかし、世界中の金の7割を集めるほどに強大となった米国のホワイト案が採用されてしまいました。

こうして戦前のゲゼルに始まる観念は完全に地下世界に入り、長い冷戦のなか、かつての取り組みは経済史の忘れられた一章となっていったのです。

しかし、世界の各地で代理戦争が継続した東西対立も、東での共産主義体制の崩壊で終焉を迎えました。こうした冷戦構造の崩壊とともに、「勝利」した資本主義のグローバル化が進展の度合いを速めていきました。資本主義は利潤追求の場を世界大の規模に広げ、途上国の累積債務の問題に示される収奪、環境を考慮しない開発、世界的な、また各国のレベルでの所得格差の拡大、富の不平等がもたらされることとなりました。そして、いわゆるグローバル・スタンダードは、地域の人々を雇用し地場の経済に貢献する産業をいともたやすく地域社会から奪い、コミュニティを崩壊の危機に追い込み、資源を収奪していっています。このままでは、環境的にも、社会経済的にも、世界は持続不可能になるのではないかという危機意識が高まっています。

また、情報社会の到来は、投機資金が変動相場制のもとで、実体経済とほとんど関係なく、金融ネットワークというサイバースペース（仮想空間）を飛び回ることを可能にしました。私たちは、この投機資金が各国の地域経済や人々の生活を翻弄し、くり返される通貨危機が国民の生活に大きな打撃を与えているさまを目のあたりにしています。為替市場で一日に取り引きされる金額は1・5兆ドルを超え、OECD諸国の一日のGDP総計の30倍以上であり、そのうち実際の交易や生産的投資に使われるのは、2ないし3%にすぎないといわれています。そのほとんどが投機に使われ、それがまた投機を助長し、いつかカタストロフィー(破局)が訪れるのではないかという懸念を強めてもきました。

いま世界経済は巨大なカジノと化しているように見えます。各国の経済の実態を見ても、債務に基づく経済といってよいほどです。平均して、企業のキャッシュ・フローの4分の1以上が利払いに充てられている状態にあるといわれています。この比率は70年代には8から13%の間にあり、80年代は15%、そして今日の25%以上へと急速に増加してきています。こうした債務経済はつねに企業に無理な成長を強いるものです。どこかに犠牲者が出ます。それは環境と人間です。80年代に入ってドイツのゲゼル支持者たちが緑の党を結成したのも、そうした現実に取り組む必要を自覚したからでした。ゲゼルの支持者でつくるINWO(自然的経済秩序のための国際協会)はスイスでいち早く、すでに巨大な多国籍企業が資本コストを軽減するために導入していたバーター取引を市民のイニシアティブによってつくりだしていました。そのタレントと呼ばれる通貨は紙幣ではなく、見えない貨幣として交換の手段、計算単位としてだけ使われていました。これはドイツ語圏の各地に、交換リングという地域通貨の試みとして広がっていったのです。また、すでに1983年には、同様の仕組みで運営されるLETS（Local Exchange Trading System＝地域交換取引制度）が、カナダのバンクーバー島で始まっていました。

そうしたなかで、地下世界からかつての生者たちが呼び戻されます。ゲゼルの思想にとどまらず、かつてマルクス主義によって空想的、異端的とされて埋葬されてしまったロバート・オウエンの思想や公正労働交換所の実践の記憶や、マルクスの共産主義の最大のライバルであった自由な社会主義による社会革命家ピエール・ジョゼフ・プルードンの思想やそれに基づく交換銀行の取り組みの記憶も生き返ってきました。また、カール・ポランニーなどの経済史研究は、そうした思想の再生に新しい視点を提供しました。

それら諸思想に基づくさまざまな模索が新しい現実のなかでなされるとともに、活発な交流が世界各地で展開されるようになりました。そこに共通しているのは、現行のお金のシステムがもたらす災厄に対する異議申し立てと、それに代わる通貨システムを築くことで、持続維持可能な社会（コミュニティ）を実現しようとの意思であるように見えます。

かつての補完通貨もその流通範囲は限られたものでしたが、今日のどの取り組みにも、地域通貨という呼称が積極的に使われています。そこには、地域コミュニティが抱える課題を解決しようとする志向性が見られます。

カール・ポランニーは、歴史的に貨幣が一般に流通する汎用貨幣と、使い方が決められた特定目的貨幣に分類できる場合があるとして、共同体を超えて遠隔地間で汎用的に使われる対外貨幣と、共同体内部の貨幣との違いに注目してきました。この観点に立って、内部貨幣が地域やコミュニティでの信頼や信認の関係をつくりだすことによって、地域の自律性、自立経済が確立されるのではないかという考えも広がってきました。

地域通貨には、かつてのように直接、紙券を発行するタイプのものや、多角間のバーターを組織して、計算単位として独自の通貨を使うもの、あるいは今日の国民通貨が何によっても担保されていない不担保通貨であるのと対照的に、いくつかの財のバスケットで担保した通貨をつくりだそうとするものなど、いろいろなタイプがあります。しかし、根底にあるのは、ゼロ利子の通貨をつくりだしていることです。なかには、ゲゼルの減価する貨幣の観念に立って、マイナスの利子をその通貨に課そうとする試みも見られます。

地域通貨への参加者は、独自のコミュニティ通貨を創造し、地域の共同性と自立した地域経済を再建しようとしています。そこでの関係は、必ずしも市場の経済関係にとどまりません。コミュニティ（community）という言葉は、comとmunusに由来し、前者は「お互いに」、後者は「贈り物」を意味するそうです。つまり、お互いに与えあう関係を指しているのです。

いま各地に拡散しつつあるLETSや交換リングは、かつて社会主義の諸思想が夢見たことをさまざまな形で試みようとしているものであるとも理解できます。ただし、そこに共通しているのは、コミュニティ再建の視点でしょう。1994年にパリでルテスというSEL（地域交換システム）がつくられたとき、そのプレスリリースには、「これは人々の間に心を開きあい、新たなもう一つの関係をつくりだすのに好適なものだ。会員は村にいるかのような雰囲気、助けあいと連帯の関係を見つけることができる」との文言がありました。

いま、こうした取り組みは世界中で2000以上にのぼるともいわれています。英国では450ほどの取り組みに4万人以上が参加し、フランスでは300、米国100、イタリア100、ドイツ250、オランダ90、ニュージーランド47など、世界各地に広がっています。地域通貨には小規模のものもあれば、規模の大きいものもあります。ゲゼルの第二の故国ともいうべきアルゼンチンでは、RGTという地域通貨ネットワークが10万人の規模を誇っています。いま、RGTクレジットと呼ばれるローカル・マネーにゲゼルの勧告するマイナス利子の仕組みを導入することをめぐって議論がなされているところです。

ふたたびよみがえった地下世界からの帰還者たちの理念は、お金の新しい未来を突き動かしはじめたといえそうです。

第4章　貨幣の未来が始まった

鎌仲ひとみ　村山純子

米ニューヨーク州イサカにあるグリーンスターから始まった地域通貨「イサカアワー」をもつ店員たち。

1 米国の地域通貨イサカアワー

イサカアワーの誕生

『モモ』のなかで、モモが時間を時間泥棒から取り戻そうと奮闘したように、従来の貨幣とは違う貨幣を使うことで自分たちのほんとうの時間を取り戻そうという試みが始まっています。

アメリカ合衆国のニューヨーク州トンプキンス郡イサカはアイビーリーグの一つコーネル大学を町の中心に抱える人口3万の地方学園都市。ニューヨークから飛行機で北に40分ほど、フィンガー・レイクと呼ばれる細長い指のような形をした5つの湖の一つカユガ湖のほとりにあります。もともとアメリカ・ネイティブが住んでいたこの地にギリシャからの移民が多く入植しイサカというギリシャ語の地名がつけられました。

この町の片隅にある生協組合のスーパーマーケットからイサカアワーと呼ばれる地域通貨が誕生したのは一九九一年のことでした。一人の男がイサカアワーの紙幣の見本をもって「グリーンスター」という名の生協組合スーパーマーケットに地域通貨を使うことを提案したのです。

この男、ポール・グローバーがこの提案をした背景には当時の米国の経済事情があります。日本でバブル経済が絶頂期を迎えていた1990年前後、米国経済は低迷していました。ポールは当時の経済状況を独自の視点で分析しました。

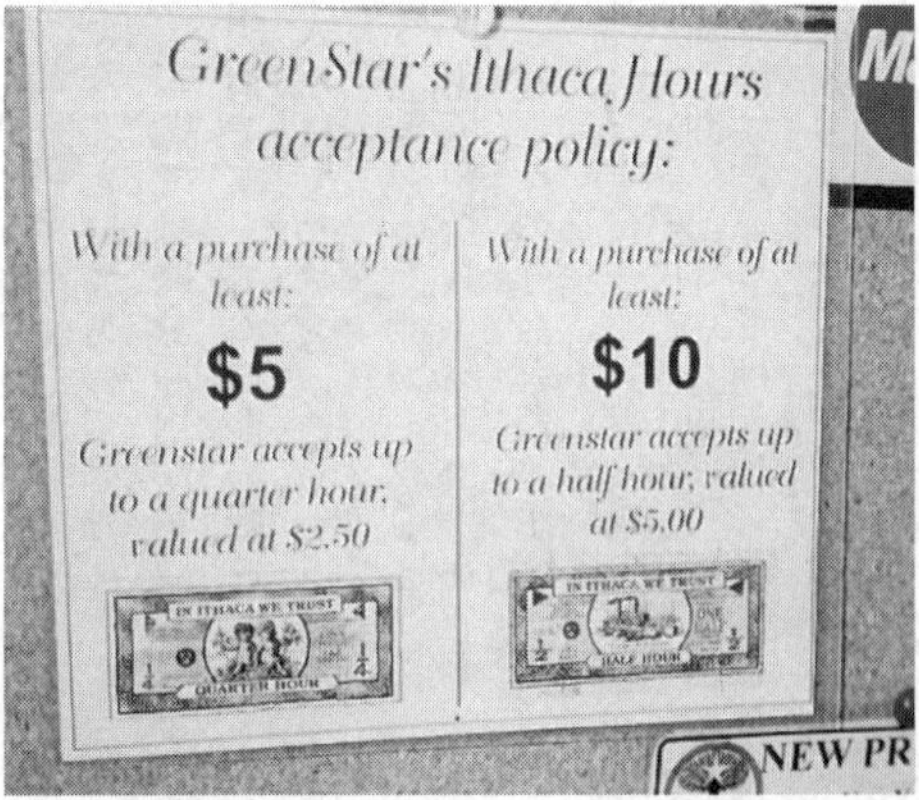

イサカアワーの始まったグリーンスターの店内に掲示されている交換ルール。

「いまやアメリカの多くの企業がグローバル化することで、もはやアメリカの企業とは呼べないような現実をつくりだしている。これらの企業はアメリカの資源と労力を使いながら彼ら自身の利益のためのみに動いている。それでいて雇用を海外に輸出しているのだ。1991年ニューヨーク州はそうやって20万もの雇用を失っている」（イサカアワーホームページより）

当時イサカもまた不況と失業に苦しんでいました。ポール・グローバーが提案したのは自分で自分を雇用すること、そしてそれは自分たち自身の通貨を使うことで可能になるというものでした。

米国では終身雇用が主要な日本と違い多くの人々がパートタイムで働いているのが実情です。いくつかの職をかけもちしているのもごくふつうのことです。このような人々にとってどんな収入の機会でも得られるのなら、それにこしたことはありません。

生協組合スーパーマーケット、グリーンスターはオルタナティブな生活を志向している人々の拠点となっています。ここのメンバーの多くはささやかな自分のビジネスをしたり、いくつかのパートタイム的な仕事で生計を立てています。しかも60年代からのヒッピー文化が受け継がれている場所でもあります。ですからここでポールの提案はすんなり受け入れられました。

グリーンスターでフロアマネージメントをしているアリソンは当時を振り返って、「なんだかおもしろそうで、自分たちの得になりそうな話」だと思ったといいます。

ポールの提案は次のように簡単なものでした。

①自分たちでお金を印刷する。
②委員会をつくってお金の発行などを管理する。

③1イサカアワーを10ドルと等価とする。

④イサカアワーを受け入れる人は自分の売りたいもの、あるいは技能を機関紙でアピールする。

それから8年、いまやグリーンスターでイサカアワーはすっかり定着しました。

イサカアワーを使う理由は人によってさまざまです。26歳の女性客は、

「私がイサカアワーを使うのはアメリカドルを使いたくないからよ。私はアメリカ政府の政策、とくに対外政策を支持していないの。アメリカが海外でいろいろしているたくさんの悪いことを支援したくないのよ」

子連れの女性客は、

「とっても気に入ってるわ。自分でつくるいろいろな物もイサカアワーで売ることができるようになったしね。コミュニティを助けるいい方法だと思うわ」

とそれぞれの理由でイサカアワーを支持しています。

レジでは次々とイサカアワーで支払いがされています。一日にこのスーパーでは多い時で15万円相当のイサカアワーの支払いがあるといいます。ドルでの支払いが主流とはいえイサカアワーはなくてはならないもう一つのお金になっています。

グリーンスターのパートタイマー、デビッド・エリオットは、自分の仕事で培った

セールスのノウハウを教え、イサカアワーで授業料を受け取ることにしました。イサカアワーのおかげで収入が増えたうえに、自分がもっている技能がビジネスとして成立し収入に結びつくということに初めて気づくことができたといいます。

こうやってイサカアワーはグリーンスターで働く人々や客に受け入れられ3ヵ月後にはそのメンバーは当初の3倍、230人となり、400種以上の製品とサービスを提供する地域の人々に受け入れられるようになりました。

イサカアワーを生みだした男

イサカアワーを考案し実践の原動力となったポール・グローバーは、もともと市民の草の根運動の強力な推進者として知られてきました。1983年にはロサンジェルス市民による都市計画グループを組織し、『ロサンジェルス——未来の歴史』を出版し、未来の子どものための都市づくりを提案しました。

長年ジャーナリスト、広告、農園、そして都市管理に深くかかわってきました。環境のために決して車には乗らずアメリカ大陸を東から西に歩いて横断したこともあります。いまはもっぱら自転車でどこでも出かけていきます。イサカの町を心から愛しているポールは町の人々やコミュニティを活性化する方法としてこのイサカアワーを思いつき、まったくのボランティアで地域通貨プロジェクトを立ち上げ、その運営にかかわってきました。

１９６０年代のヒッピースタイルの風貌をもち、「グローバルに考え、地域で活動する」という生き方を実践しています。

彼は１９９１年にラジオで、マサチューセッツ州バークシャー郡グレートバーリントンで食料品店を営むフランク・トルトリエロが店の移転のために借金を銀行に申し込んで断られたため「食料品ドル」を５０００ドル分発行して、後日、食料品などと引き換えにする証明書とし、引っ越し費用を捻出《ねんしゅつ》したという話を聞きました。この試みは地元の地域活性を目的として活動しているＥ・Ｆ・シューマッハー協会によって支援されました。この食料品店が無事に引っ越しを済ませ、「食料品ドル」が順調に機能しているのを確認したこの会は地域銀行をおこし、政府の組織や地元の商店でも地域通貨が使えるよう支援を始めました。地域銀行から１００バークシャーを90ドルで買うと１００ドル相当の買い物が地元のメンバーの商店でできるというものでした。地元の商店はこれらのバークシャーをそれぞれ1ドルにつき90セントで払い戻します。このシステムからヒントを得たポールは、商店だけではなく住民全員が参加できる地域通貨のシステムを考えたのです。

いまではイサカのどんな小さな商店もポールの名前を知らない人はいません。彼は自転車であらゆる商店を訪ね歩き、イサカアワーを使うように説得し、メンバーになったあそこの店ではイサカが余っているとか足りないとかの情報をいち早く収集し、早く使えるようにさまざまな地元の生産業を紹介したりと地道にイサカアワーを育ててきたのです。

おもちゃのお金

ポールはイサカアワーのデザインを自分自身でしました。現在使われている紙幣は5種類。8分の1アワー、4分の1アワー、2分の1アワー、1アワー、2アワーです。1アワーにはイサカの北にあるカユガ湖から流れ落ちる滝が、8分の1アワーにはこの土地だけに生息するとかげや小さなカブトムシの姿が描かれています。このデザインはこのお金が地域全体の生命とともに生きていくという思想を表明しているのです。

それに加えてこの紙幣にはお金というもの、そして地域通貨についての考え方が印刷されています。例えば1アワー紙幣の裏面には、

「TIME IS MONEY——時は金なり。この紙幣は時間の労働もしくは交渉のうえで

物やサービスの対価として保証されている。どうぞ受け取って使ってください」
「イサカアワーは私たちの地元の資源をリサイクルすることで地元の経済を刺激し、新たな仕事を創出する助けとなります。イサカアワーは私たちの技能、体力、道具、森林、野原、そして川などの本来の資本によって支えられています」

そして表紙には、「ここイサカでは私たちはお互いに信頼し合っている」と印刷されています。

アワー＝時間と名づけられたこのお金は従来の貨幣システムがないがしろにしてしまったかのように見える、人間が本来大切にしてきた価値の復権をめざしているのです。鮮やかなピンクやオレンジ色を使ったこれらの紙幣は最初、町の人々に、トイマネー（おもちゃのお金）とばかにされ笑われました。いまでもそう考えている人々もたくさんいます。

しかし、また一方で多くの人々がこのおもちゃのようなお金のほんとうの価値に気づくようになり実際に使いはじめる人は増えつづけていったのです。

イサカアワーの仕組み

1999年現在、イサカアワーは非営利団体、イサカアワー委員会によって管理されています。イサカアワーを始めたポール・グローバーは委員会の一員という立場となり、いまでは第一線からは退いています。すべての決定はこの委員会の話し合いで決まります。委員はメンバーの投票によって選ばれ、またこの委員会を監視する特別理事も8人選定されます。

まずイサカアワーを使いたいと思う人は、このイサカアワー委員会に申し込みます。申し込みは町のあちこちにおかれている委員会が2ヵ月に1回発行している「アワ・タウン」（私たちのアワに時間のアワーがひっかけてある）という新聞に載っている申込用紙を利用します。この申込用紙に1ドルを同封し委員会に送ると名前と自分がしたいビジネス、つまり何を売るのか、何ができるのか、次の新聞のリストに載せてくれます。やがてしばらくすると、2アワーが送られてきます。このアワーを使うこと、そしてビジネスリストを見て、誰かが連絡してくればアワーを稼ぐことでイサカアワーコミュニティの一員となることができるようになります。

例えば自分が育てているハーブを売るとか、犬の散歩をさせるとかどんな些細なことでもビジネスとしてこの新聞は広告を出してくれるわけです。あるいはイサカアワーを受け入れている事業所で給料をイサカアワーで支払ってもらうこともできます。あるいは自分の店で支払いをイサカアワーで受け入れることもできます。

町角に置かれているイサカアワーの機関紙「アワ・タウン」。

イサカアワーの一員となった人々は町のあちこちで、さまざまなコミュニケーションの機会に出会うことになります。まず、見知らぬ人々が電話をしてきてあなたが広告を出したビジネスに関して質問するでしょう。またあなたはその電話をしてきた人に、反対にどのようなビジネスをしているのか尋ねるでしょう。そしてお互いの直接的な交換も始まっていきます。例えば、あなたが自家製のパンを売っているとします。あなたはどんなパンがあるのか問い合わせてきた人がピアノのレッスンをイサカアワーで受け入れているとわかって娘のピアノのレッスンを頼みます。ところがレッスン料と自分の稼ぐアワーの額が折り合わないとき、代わりに自分のパンを提供する提案をします。相手が受け入れればアワーと自家製のパンで娘のピアノのレッスンが実現することになります。

買い物のときにもレジでイサカアワーで支払えるかどうか尋ねるでしょう。もし受け入れてないなら受け入れてくれるように説得したりするかもしれません。店主はイサカアワーを受け入れることで顧客が増えると知れば興味をもつに違いありません。またイサカアワーで支払っているあなたを見て誰かがどうやって手に入れたのか聞いてくるかもしれません。それまで見知らぬ間柄だった人々がイサカアワーをきっかけに話を始め、お互いにビジネスをするようになるのです。イサカアワーが流通するようになって真っ先に変わったのは地域住民のコミュニティ意識だったのです。

①イサカアワーの発行ルール

委員会がイサカアワーを印刷するのはこうやって新しい加入者ができたとき、地域の非営利団体が寄付を申請してきてそれが会議で受け入れられたとき、誰かがローンを申請して認められたときの3つのケースに限られています。

現在委員長を務めるモニカ・ハーグレイブスはイサカアワーの現状を「現在地域のなかで循環しているイサカアワーの総額はおよそ6700、アメリカドルにして6万

７０００ドル相当になるわ。でも実際イサカに来た観光客がお土産に持ち帰ったりして、実際はこれより少ないと思うけど、私たちはどれだけ印刷してどれだけ発行したのか正確に把握しているんです。最初はほんのちっぽけな額から始まったのよ。最初の機関紙に載ったリストはたったの90人。でも、いまでは数千人もの、さまざまな職種をもった個人の参加者と４００もの企業がこの通貨システムに参加しています。１９９１年当時から考えると目覚ましい成長ぶりです」と語っています。

モニカ自身は経済学者であり自分でつくる陶器をイサカアワーで販売しています。モニカにイサカアワーのシステムについて聞いてみました。

「もしイサカアワーがなかったら私は自分の陶器を売ることができません。もっと宣伝にお金をかけなくてはならないし、あるいは店を借りたりしなければならないかもしれません。とにかくもっとさまざまな努力が必要になります。つまり自分で実際お金を稼ぐまでに乗り越えなくてはならないハードルがたくさんあるということです。でもイサカアワーに参加すれば新聞にたった１ドルで広告を載せてもらえる。とても簡単だからやってみようと思ったことのないことでも試しにできたりするのよ。という意味でイサカアワーのシステムはこれまで決してお金を得ることができなかった手段で簡単にプラスアルファの収入を得る機会を人々に与えているんです。その結果、人々はその収入がなかったら買わないようなものを、じゃあ買ってみようかと思うのです。当然地元のお店でです。お店にしてみればイサカアワーがなければ売れなかった商品です。これは同時にビジネスの多様性も生みだしています。アメリカの少なからぬ町は狭い経済基盤しかもっていません。誰でもが同じ工場で働いているのです。もしこの会社がうまくいかなくなったら町全体の経済がだめになってしまいます。しかし、地域経済が多様であればあるほど経済基盤が壊れにくいのです。だから地域通貨のシステムが存在することは地域経済にさまざまな恩恵をもたらすことになるのです」

②社会福祉に貢献するイサカアワー

イサカアワーが地域の経済を活性化する方法の一つに非営利団体への寄付があります。社会福祉を目的にした非営利団体にまとまったアワーを寄付することで回り回って地元のアワーを受け入れている事業や商店の収入を増やすことになります。例えば家庭内暴力の救済を目的とする団体やホームレスを援助するグループ、そして地元の有機栽培農家を支援する団体などが寄付を受け取っています。このような団体は受け取ったアワーを、例えば事務所の賃貸料や炊き出しの食料、電話代にまで使うことができるのです。アワーは確実に地域のなかで使われリサイクルされることでより多くのビジネスを生みだしていくのです。しかも社会福祉が市民運動の側から強化されることにもなるという効果もあるのです。

またイサカアワー委員会が運営しているプロジェクトの一つにイサカ健康保険基金があります。これは「カユガ・メディカル・センター」と共同で取り組んでいる保険システムです。米国では政府の国民健康保険制度が整備されはじめたのがほんの6年ほど前。現行の健康保険も先進諸国のなかでは異例なほど民間保険会社に依存したものになっています。人々はいまでも民間の高価な健康保険に入っています。そのため、なんとイサカのあるトンプキンス郡の35％の人々がまったく健康保険に加入していないのが現状です。イサカアワー委員会ではこのような人々のためにイサカ健康保険基金を始めることにしたのです。すでに１９９９年3月現在２５０人が定期的に保険料を払いはじめました。この保険制度のメンバーになることで１２５の医療施設で10％の医療費が免除され、イサカアワーでの支払いも部分的に認められるようになります。この制度はメンバーが増えれば増えるほど保険料の支払いが少なくなる仕組みになっています。というのもこの制度は非営利組織が運営するため、すべてボランティアでまかなわれ、人件費などがいらないからです。実際このシステムの運営費は過去2年間でわずか389ドル。メンバーが5000人になれば専属の医師を雇うことができるようになるといいます。

カユガ・メディカル・センターのソーシャル・コミュニケーションを担当しているマーシャ・イーガーは、

「私はなぜアメリカという国がすべての国民に十分な医療保険を支給しようとしないのかわかりません。アメリカの医療費は非常に高価で誰しもが払えるわけではないのです。だからイサカアワーが健康保険基金を始めたとき、私たちの病院はこの活動に参加することに非常に興味をもったんです。というのも実はこの病院はイサカにある組織のなかでは4番目に雇用者数が多いんです。職員も患者もこの町のコミュニティのメンバーです。そしてこの健康保険基金はコミュニティのなかの健康保険がない人々を対象に、オルタナティブな医療（代替療法）を含めた医療サービスを供給しようというものだったからです。いまやこの国ではオルタナティブな医療はこれまでの西洋医学を凌駕《りょうが》しつつあるのです。そして実際に参加してみると国家レベルの問題を地域で解決する活動を支援できることに気がついたのです。病院では漢方や鍼《はり》の治療を充実させるようになりました。そして、いまでは地域が望み必要としている医療支援がイサカアワーの活動に参加することでできるようになったと実感していますし、確実に私たちの病院がカバーできる医療サービスの幅は拡大しました。そして最も重要なことはこれまで医療費を払えなかった人々が自分で払えるようになれたことです。誰だって自分の医療費は自分で払いたいのです」

と公的機関である病院がイサカアワーの活動に参加した理由を語ってくれました。

③職人を守るイサカアワー

非営利団体への寄付以外に無利子でアワーを貸し出すケースも認められています。デビッド・ダケットは地元の木材を使って独自の美しい家具をつくる職人です。一つの家具を仕上げるのに1年以上かけています。しかし不況のおり、なかなか高価な家具は売れず、グリーンスターでパートタイムをして何とか糊口《ここう》をしのいでいます。そんな苦境のなか、デビッドは以前から欲しいと思っていた家具に自分のロゴを焼き付ける鉄のスタンプを買うためのローンを委員会に申し込みました。委員会はこれを承認し、30アワー、およそ300ドル相当のローンがデビッドに支払われました。デビッドはこのローンで近所に住んでいる鍛冶職人に鉄の焼きごてを注文しました。

デビッドはイサカアワーに関してそんなに興味があったわけではないといいます。他所《よそ》から2年前にいい木材を求めてイサカの郊外の森のなかに引っ越してきたとき、誰も知り合いがなく、地域に溶け込み、知人を得るためにイサカアワーの一員になったのです。いまではイサカアワーを通じて友人もでき、彼の家具をアワーで買いたいという人も出てきました。自分の作品に自分のサインである焼きスタンプをつけることもできるようになりました。大量生産、大量消費の波に呑まれて多くの古きよき職人たちが姿を消していくなか、イサカアワー委員会は積極的に地元に根ざしたデビッドのような職人たちをイサカアワーを通じて援助しようとしています。デビッドはイサカアワーを通じて地域に溶け込み、いまでは自分の家具を自分の習いたいコースの授業料として交換したり新たな関係を広げています。

④環境を守るイサカアワー

イサカの町では4月の初めから11月までファーマーズマーケットが開かれます。ここで店を出すほとんど100%の農家がイサカアワーを受け入れています。ですからこの期間、マーケットはイサカアワーの使用頻度が最も高い地域となります。

イサカ周辺は米国内でも小規模でかつ有機栽培で作物を育てる農家が多いことで知られています。米国では有機栽培の作物は特定の機関から証明書を出してもらわないと有機栽培として作物を売ることはできません。この証明を受けるためにはまず3年以上まったく化学肥料も農薬も使わない土地でなければなりません。いわゆる従来の農法から有機農法に切り替えるとき、この3年間をどう乗り切るかが鍵となります。作物の状態も一番不安定でしかも有機農法の作物として売れないので収入が激減することになります。

タリとジョンはカリフォルニアから有機農業を人生の仕事にしようとそれまでの会社の仕事をやめて2年前イサカに引っ越してきました。2人が落ち着いたのはイサカの郊外にあるナローブリッジファーム。イサカに移ることを決めたのは、ここのファーマーズマーケットがすばらしかったからだといいます。しかし、初めての土地でしかも有機農法を始めるのは、前に述べたように3年間の困難な時期を乗り切らねばなりません。

こんなタリとジョンのような農家のためにイサカではファーマーズ・コーポラティブがイサカアワー委員会からの寄付を受けてシーズンの前に作物を先買いするというプロジェクトを運営しています。シーズンの前に現金を受け取ることで農家は種付けや農機具のメンテナンスなどをすることができるのです。説明会では各農家が自分たちの農場のアピールをします。どんな作物をどれだけつくるのか、どのような人々がつくっているのかなどを説明します。聞きにきた人々は自分の気に入った農場を選んでお金を投資します。1998年に2人の農場はこのサポートシステムを通じて地域の人々から出資してもらい、農場を運営することができました。収穫のシーズンには出資した地域の人々が家族で訪れ、収穫した安全な有機野菜を提供することができたのです。2人がよく昼食を買いに行く近所のお店もイサカアワーを受け入れています。イサカアワーを使うたびに地域共同体の一員であるということを、使う側も受け取る側も実感できます。

タリは自分たちが選択した生き方に関してこういっています。

「たくさんお金を稼いでたくさん使う。人々はこぞって経済やGNPの話をする。それはつまりどれだけお金を使ったかということでしょう。でも多くの友人や私たち自身もシンプルな生活で良質の人生を送れると信じています。よけいな物なんて買わなくていい、ゴージャスな車なんていらないわ」

資本主義そして物質文明の拠点、また自由競争経済の最強の推進国である米国にタリとジョンのようなカップルは確かに多くはありません。しかし環境問題やほんとうに豊かな生活とは何かを真剣に考える人々もたくさんいます。そんな人々にとってイサカアワーはまさしく同じ価値観を共有するための道具でもあるのです。この道具を使ってより豊かになったファーマーズ・サポートプロジェクトとファーマーズマーケットの２つが結果的にイサカ地域の土地を農薬や化学物質の汚染から守ることになっています。

イサカの資源はイサカに

１９８０年代後半から90年代前半、米国経済に起きた変化の一つにグローバリゼーションがあります。現在、日本経済が直面している変化がほぼ10年前、米国で起きていたのです。グローバル・スタンダードへの移行は深刻な不況をもたらしました。とくに打撃を受けたのは地域の小さな商店や事業でした。競争力の弱い地域に根ざした事業は次々と淘汰《とうた》されていったのです。

米国の国家通貨ドルはすでに世界20ヵ国で共通通貨として使われています。大型資本、あるいは多国籍資本が市場を独占していく傾向はグローバル・スタンダードによって拍車がかかったといってもいいでしょう。大型資本でかつ全国展開している店舗で買い物をしてドルで支払うと、そのドルは第三世界などに投資されることになります。地域から資産が吸収される一方でその見返りは地元での雇用やビジネスに反映されないのです。しかもその資金で第三世界の環境が破壊されている可能性もあります。

イサカでも町の中心にある商店街イサカコモンズに大型スーパーが進出してこようとしました。しかしポール・グローバーが中心となった反対運動でこの計画は阻止されました。

イサカの郊外にある米国有数のスーパーマーケットに並んでいる商品は確かに地元の物より割安です。世界中から集められた大量生産の商品が所狭しと並んでいます。しかし、環境やフェアトレードの視点から考えると、さまざまな問題が指摘されるでしょう。もし、イサカアワーで地元の商店で買い物をするならば確実にそのアワーはイサカにとどまり絶えず地域のなかで循環していくことになります。イサカで発生したビジネスの利益はイサカの人々のものとなるのです。

イサカの町で最も人気のあるパン屋、イサカベーカリーはイサカアワーが始まった当初からイサカアワーを受け入れています。このベーカリーはイサカのあちこちにあって、付属の小さなカフェでサンドイッチや軽食を食べることができてイサカでは大変人気のあるベーカリーです。ここではイサカアワーを受け入れることが顧客を増やすことにつながると認識しています。支配人のラムゼイ・ブルースに聞いてみました。

「俺たちにも地域全体にとっても得になると思うね。地域のみんなを支援すれば、俺たちも助けてもらえるわけだし。ドルはすぐ資本家に吸い取られて俺たちには役に立たないからね。イサカアワーはみんなさっさと使ってしまって、あっという間に俺たちのところへ戻ってくるんだ」

ラムゼイは見覚えのあるイサカアワーの紙幣がレジにかなり早いサイクルで戻ってくるのを実感しているそうです。

利子がつかないイサカアワーはくり返し使われることでその本来の役割を十全に果たしているようです。これまで発行されたイサカアワーは日本円で８００万ほどですが、絶えず地域のなかを循環することで２億円以上の経済効果を生みだしているといいます。

コミュニティを地域通貨で構築する

イサカアワーを受け入れ、それを使うことは実は思いがけず楽しいことだとイサカの人々は気づきはじめました。それは自分がコミュニティの一員でありお互いに助けあっているという実感をもてるところから生まれてきます。

例えばイサカの老若男女に長年愛されているアンディカフェでは支払いを１００％イサカアワーですることができます。一方、イサカの町は４種類のごみの分別をしており、各店舗はリサイクルごみの収集業者に手数料を払います。この業者のなかで手数料をイサカアワーで受け取るマーシャリサイクルをアンディカフェでは利用することにしました。そこでマーシャ一家はアンディカフェから支払われたリサイクル手数料のイサカアワーで日曜日ごとに朝食をアンディカフェでとるようになりました。イサカアワーを受け入れ使うことで顧客が増えしかもお金が単純にお金ではなく、人と人の関係をつくりあげ、コミュニティ全体の関係が自然と密接になっていく。そんな効果がこのエピソードからうかがえます。

お金というものを使わずには社会生活を送ることはできません。しかしその日常的でしかも抽象的な営みがイサカアワーという地域通貨を使うことで、それまで見えてなかった地域の人々を結ぶ助けあいの関係が浮き彫りにされてきたのです。それはお金というものにあたかも暖かい血を通わせる作業といえるかもしれません。

アンディカフェを取り仕切っているカストランザは、

「私たちのお店は100%イサカアワーを受け入れているけど、おかげでとてもお客さんに喜ばれているわ。他の店は20%とか30%しか受け入れないところが多いんだけど、あの人たちはこのお金のほんとうの意味をわかってないのよ。イサカアワーは使えば使うほど私たちに返ってくるのよ、しかもお金を地域のなかにとどめておけるし、そういう仕組みになっているんですもの」

　とイサカアワーを積極的に支持しています。しかしイサカアワーが地域を活性化し、地域住民の関係を密接にする役割をはたすことができているのは、イサカアワーそのもののシステムが、地域循環型経済を補強するようにできているからなのです。

　ポール・グローバーが地域経済とイサカアワーの関係をどう考えているのか、1997年に「アワ・タウン」に記載された文章を見てみましょう。

「ここイサカでは1991年以来、1200人以上の参加者と6万ドル以上に相当する地域紙幣を発行することで商業の環境的、社会的影響をコントロールする力を身につけつつあります。何千もの商品と多くの新しい友好関係がこのお金によってつくりだされました。およそ200万ドル相当の取引が草の根レベルの国産品によって地域経済に追加されたのです。

　私たちは自分たち自身のお金を印刷しています。なぜなら私たちは連邦通貨、ドルが町にやってきて数人と握手したかと思う間に熱帯雨林を伐採しあるいは戦争を起こすのを目撃しています。イサカアワーはその反対にこの地域に私たちを助けるためにとどまるのです。ドルというものが私たちをより多国籍の商品や銀行に依存させている間にアワーは地域商業を補強し商売を拡大してくれます。そしてそれは私たちが関心をもっている環境保護や社会正義に対してより信頼できるものなのです。

イサカの最低時間給は最高給に何の影響を与えることもなくあがりました。1イサカアワーは10ドルに相当します。なぜなら時間10ドルの時給はトンプキンス郡の標準時給だからです。例えばイサカのいくつかの有機農法農家は日雇い労働者に時給10ドルを支払っています。これは農場労働者の時給としては世界で最も高いものです。これらの農家はイサカアワーによって特権的な利益を得ているのです。反対に歯医者やマッサージ師や弁護士は1時間に数アワーを得ています。しかし最近専門家たちも均衡がとれた料金でサービスを提供するようになってきました。

イサカアワーの1400のビジネスリストは町の電話帳に載っています。これは私たちの町の従来の市場にはなかった雇用や技能を受け入れる許容力を示しています。人々は自分が楽しめる仕事で収入を得ることを誇りにしています。私たちはイサカの住人の一人として出会います。それはドルを奪いあう勝者や敗者といった関係とは無縁のものです。私たちはイサカアワーを使って生活することでそのままコミュニティをつくっているのです。そうすることで強制的に何かを買わされたり資源を浪費したりということから解放されるのです。

同時にイサカの資源をより地域に保持している土地ながらの商店はイサカアワーが

なかったなら得られなかっただろう収入を得ることができるのです。私たちがこのようにお互いを支えあう新しい道を発見し、輸入への依存を取り除きました。よそに頼らない私たちのやり方はイサカを孤立させるどころか環境保全的な製品をよそへ輸出することでもっと外の世界との関係が広がりました。私たちは自分自身のお金を借りることで自分たちのビジネスに投資することができます。イサカアワーのローンは無利子なのです。私たちはイサカアワーをほんとうのお金だと思っています。それは実際の人々や実質的な時間、熟練、技能に裏打ちされているのです。反対にドルは奇妙なお金です。もはや金や銀に裏打ちされないどころか5兆ドルもの対外負債を抱え込んでいるのです」

アメリカドルとの関係

地域通貨、イサカアワーは違法ではないのかという疑問は誰でももつでしょう。日本では違法ですが、アメリカの法律によれば、アメリカドルと似ていない紙幣で1単位が10ドル以上の価値があれば合法です。

実は1990年以来イサカで使われはじめた地域通貨は特別に許可をとったり、アメリカ連邦銀行にお伺いをたてて始められたものではありません。一つの市民運動として始まったのです。最初に印刷されたイサカアワーのコストは、いくつかの財団の助成金でまかなわれています。ですからお金を自分たちで発行するという手段は特殊でも、その目的は地域経済の活性化と環境保護でした。

しかしこの試みはついにアメリカ連邦銀行の聞き及ぶところとなり、実際に調査チームが派遣されました。調査の結果、イサカアワーのシステムを理解したアメリカ連邦銀行は地域通貨がドルと競合するのではなく、かえって国家通貨であるドルを補強するものであることを発見しました。というのはイサカアワーで始まったさまざまな小さな仕事の創出が国家全体の経済を活性化することになるからです。それは肺が何百万という小さな細胞からできており、その小さな細胞が酸素を血液中に送りつづけることで肺全体が健康に保たれるのと似ています。

イサカアワーで得た収入は課税対象となります。ドルに換算されドルで税金を支払うことになります。ですから国家にとっても地域通貨で地方の経済が活性化されることを歓迎するのは当たり前のことなのです。

またイサカが位置するトンプキンス郡議会の代表バーバラ・ミンクは、行政代表として次のように認識しています。

「私たちは通貨を発行しているわけではないから、まったく気にならないけれど連邦銀行には脅威だったんでしょうね。イサカアワーが始まったとき、多くの人々は笑ったものでした。地下室でおもちゃのお金を刷ろうっていうんですから。しかし人々がそれが地域社会の信頼を背景におく交換手段の一つの方法だと理解するととても広く受け入れられました。ですから行政当局はこれが問題だとは思いもしませんでした。地域経済を支えるものだと認識したのです。もしイサカアワーを使う人がもっと増えれば地域の経済はもっとよくなるでしょうね」

またこうも語ってくれました。

「世界中の人々がミレニアム、Ｙ２Ｋ（２０００年）問題にさまざまな反応をしていますが、もう一つこのイサカアワーに関して私が興味深いと思うのは、この創始者であるポール・グローバーが、この世紀末をイサカアワーの背後にあるほんとうのスピリチュアルなものの復権をはかる機会だととらえていることです。それは地域が自分たち自身で生きていくことができるようになること、つまりよりコンピューターや電気に依存しないことです。だから彼らはこの世紀末の混乱をイサカアワーの理念が広がるチャンスと見ているわけなのです。私自身はことさら混乱を望んではいませんが、イサカアワーがめざしている自立共生、地域尊重、などはこのような経済や社会の混乱のときにはとても助けになると思っています」

銀行とイサカアワー

イサカアワーが初めて発行されるとほぼ同時に、地元の銀行がイサカアワーを受け入れるようになりました。「オルタナティブ・クレジット・ユニオン」ではローンの支払いなど、さまざまな支払いにイサカアワーを100%受け入れています。

受け入れたイサカアワーは銀行の掃除やメンテナンス、消耗品、地域の事業所や個人の支払いに使われています。50ドル分のイサカアワーを自分の口座からおろしていた女性客は鍼灸師《しんきゅうし》をしてイサカアワーを稼いでいるといいます。

「これはとても便利で使いやすいのよ。町中どこでも使えるし、サービスと物、物とサービスを交換する、とてもいい手段だと思うわ」

この銀行の渉外担当キャロル・チェリニコフに聞いてみました。

「私たちはイサカアワーが発行されてからすぐ印刷されたアワーを地下の金庫に保管するようになったんです。だから私たちはアワーの番人のようなものなんです。イサカアワーが使われるようになってすぐ長期のローンやさまざまな手数料の支払いにイサカアワーを受け入れるようになりました。小切手の口座や貯蓄の口座にはアメリカの通貨ではないので受け入れることはできません。私たちのような連邦政府に承認さ

地元のオルタナティブ・クレジット・ユニオンではイサカアワーを受け入れている。

れた組織が積極的にイサカアワーのシステムに参加することによってイサカアワーの信頼性はずいぶんと増したと思います。

私たちは高い頻度でイサカアワーでの取り引きを受け付けています。私たちは意識的にイサカアワーを受け入れる業者を選んでいます。例えばコンピューターはすべてイサカアワーでの支払いを受け入れる会社から購入しています。この銀行ではドルの価値にして最高5000ドル以上のイサカアワーを保持してはいけないということになっています。しかし、その最高限度額にこれまで決して達したことがありません。なぜなら私たちは受け取ったかと思うとすぐに使ってしまうからです。

私たちの銀行は地域の人々を支援して地

域の経済を成長させることを目的にしています。また大銀行が支援しようとしない人々を支援するのも私たちの銀行の大切な使命です。だからこの銀行の目的とイサカアワーの目的はよく似ているのです。多くの人々がビジネスの相手をその哲学や政治的傾向で選んでいます。ですからイサカアワーを使う人々はそういう理由でも私たちの銀行を選んでくれます。そんな人々はりんご一つを買うにも地元の農家のりんごを選んで買っています。イサカアワーを使い、受け入れることで人々は共同体を信頼し、似通った価値観をもっていることを確認しています。イサカアワーは、地域のことを考えて働き、良く似た志向をもった人々、どう使われるのか知ることができないようなお金の使い方ではなく地域に地域のお金をとどめようとするそんな人々を雇用するように勇気づけてくれるのです。アメリカドルはその貨幣システムに参加してもいかなる利益も決してこちらにめぐってこないシステムです。それに反してイサカアワーのシステムは参加すれば自分たちの利益が実にはっきりと見えてきます。それがわかればわかるほど人々はより積極的に参加するようになり、イサカアワーのシステムは自動的に成長しつづけていくのです。そのことによってもっと多くのイサカアワーが地域のなかを循環するようになります。そしてイサカアワーは使われれば使われるほどその哲学が広まってゆくのです。イサカアワーが使われるとき、必ず人々は対話しています。なぜなら私たちは似通った考え方をしていて決してどこに行くとも知れないようなドルをただ消費するために使っているのではないからです。私たちはこの通貨に大きな価値を見いだしているのです。

しかし、大多数の人々はまだこのシステムを受け入れていません。私はイサカアワーはケーキの上にかかっている砂糖のようなものだと思っています。ケーキそのものではありません。地域にとって特別な地域を豊かにする何ものかを付け加え、コミュニティをコミュニティとして機能させるのです」

ライフスタイルと価値観の変化

スミス一家は10年ほど前、イサカの郊外に農場を買って移り住んできました。スイート・メドウと名づけられた牧場を、夫婦と6人の子どもが協力して経営しています。牛の世話や搾乳《さくにゅう》は子どもたちの日課となっています。一家は手づくりのヨーグルトをイサカの町のグリーンスターなどの店に卸したり、家で販売したり、そして牛乳そのものを売ることで生計を立てています。

スミスは自分たちの生活がイサカの消費者によって支えられていることを強く意識しています。夏にはファーマーズマーケットに自分たちの店を出してヨーグルトを直接販売してささやかながら収入を増やすことができるようになりました。

14歳になる娘のアビーの生活にもイサカアワーは自然に溶け込んでいるようです。

「イサカにはファーマーズマーケットがあって父さんと母さんがそこでヨーグルトを売っているの。マーケットではほとんどの店でイサカアワーが使えるの。夏の間、パン屋さんでバイトしたけどそこでもイサカアワーでお給料をくれたわ。マーケットではいろんな食べ物を売っているの。だからイサカアワーでお昼を買って食べるのよ」

母親のバーバラはイサカアワーは地域の環境保全にも役立っていると考えています。

「だってイサカアワーは地域の農家をサポートしてくれるでしょう。農家は地域の土地を守っているんです。もし地域の農家が成り立たなくなったら土地は荒れっぱなしか大規模農場に買いあげられてしまいます。あの人たちは土地を大事にもしなければ、いい使い方もしないわ。だからイサカアワーは地域の環境を守るのに役立っていることになるのよ」

父親のスミスは自分たちが選択した生き方とイサカアワーの考え方がちょうど一致していると考えています。

「とにかくこの農場を運営して、豊かに、より美しい場所にしたいと望んでいます。

子どもたちに幸せな子ども時代を与え、彼らが望む夢をかなえる手助けをするんです。そういう生き方はお金を貯め込むとかそういうこととは無縁です。ましてそんなことできっこありませんしね。昔、NASAで働いていたんです。稼ぎはちょっとしたものでした。けれど家庭の外で働き毎日通勤に時間をとられ、ほんとうの意味で家族の一員ではありませんでした。ですから高収入のライフスタイルをやめることにしたんです。そして家族でいっしょに働いているんです。お金を追い求めるために時間を費やさなくなったことを後悔していないんです」

ゆっくり夕日が落ちようとする農場の林のなかへ子どもたちとスミス夫婦は散歩に出かけていきました。ドルを追い求め物質的に豊かな生活をするというライフスタイルはいま米国の多くの人々のなかで時代遅れとなってきているという記事を読みました。35％もの都会に住むアメリカ人が都会での成功よりも田舎でのリラックスしたライフスタイルに移行したいと考えているというのです。

むき出しの資本主義と呼ばれる自由競争市場主義の行きつく先に懸念を抱くアメリカ人もたくさん存在するのです。そんな人々によって地域通貨の運動は広がっています。

米国の通貨の歴史――昔から地域自立型だった

米国がまだ建国200年ほどの若い国であるということもあり、その通貨の歴史もそれほど古くはありません。例えばイサカ地方の通貨の歴史を見てみましょう。

アメリカ独立以前、当時この地域に住んでいたのはアメリカ・ネイティブの人々でした。彼らはカユガ湖のほとりに住みカユガンと呼ばれていました。1700年代初頭、ヨーロッパからイサカに移民してきた人々は町の小高い丘にあるカスケード広場でこのカユガンたちと物々交換をしていましたが、複雑な取引にはこの土地に古くから暮らしているイロコイ族のお金を使っていました。移民たちの本国のお金であるスペインやフランス、イギリス、オランダなどの硬貨もいっしょに使われていました。初めてアメリカの硬貨がイサカに姿を現したのは1790年代でした。やがて1863年からナショナル・バンクは地方銀行を通じて通貨を発行するようになり、それは大恐慌の年、つまり1929年まで続きました。

大恐慌のあと訪れた大不況の時期、まったく国家の通貨がなくなってしまった1930年頃は地元の商工会議所が「ハードタイム・トークン」、困難な時代のコインという意味のものを発行しました。また現在のイサカ銀行の前身は自分たち独自の紙幣を発行していたのです。実はこの時期に米国全土にわたって各地域の商店や銀行で独自に発行されていた、これらの代用通貨が現在の地域通貨の原形となっているのです。

ワシントンのスミソニアン博物館には世界中のお金をコレクションしたコーナーがあります。ここの資料室には米国各地で発行された緊急通貨が何万枚も収集されています。驚くほど多くのコミュニティが自分たちのお金を発行していたことがこのコレクションから見えてきます。これはアメリカ移民がそれぞれ同郷の人々とコミュニティを形成していたことにも関係しています。

不況でお金がなくなったとき、人々はかつて自分たちが使っていた母国の通貨と自分たち民族のアイデンティティを投影したデザインの緊急貨幣を使いはじめたのです。あたかもそれぞれのコミュニティが独立した自治区となったかのようでした。

米国では法定通貨が不足すると自治体や企業が約束手形に類似した代用貨幣を発行する歴史がもともとあったのです。

スミソニアン博物館にコレクションされているこれらの代替通貨は２つに分類できます。かつてオーストリアのヴェルグルで使われた自由貨幣の系譜をひいて一定の期間を過ぎるとスタンプを貼らねばならないものとそうでないものです。例えば193

4年にカリフォルニア州ロサンジェルスの小さな町で発行された紙幣の裏には1セントのスタンプがそれを使った日付とともに貼ってあります。まさしくあの自由貨幣と瓜二つです。これはアメリカのこの時期の緊急通貨がゲゼル理論の影響を受けていた証拠です。

1930年代米国の緊急通貨

米国に上陸したゲゼル理論はこれまでの貨幣とはまったく異なったスタンプ貨幣という代用貨幣の観念をもたらしました。それは一時的に、また緊急に発行される貨幣代用物のように見えましたが、長い不況を克服する補完通貨として使われたのです。不況のなか、米国各地のコミュニティでは労働交換所と呼ばれる団体が形成され、そのなかだけで使える代用貨幣が発行されました。しかし、それは事業活動が改善されていくにつれ廃《すた》れていったようです。ゲゼル理論に基づく代用貨幣が大規模に実験されたのはアイオワ州ハワーデンでした。1932年10月当時、人口3000人の町でした。目的は失業手当の調達で、最初30万ドルの自由貨幣が発行されました。欧州で実践されたのと違って、この紙券は、使うときに3セントの印紙を貼る仕組みでした。これはゲゼル理論の理解不足を示す致命的な欠点でした。周期的なスタンピングが貨幣を減価させ、そのことが紙券を使わせる誘因になることを理解していなかったのです。それで、ハワーデンの紙券保有者はドルをもっているときはこれを使おうとしなかったのです。印紙売り上げの利益は予期したものよりずっと少ないものでした。しかし、この紙券を給付された失業者は、この紙券をほとんどの商店が受け入れたために使うことができ、失業救済という目的は果たされたといいます。

ところが、米国で発行されたスタンプ貨幣は、残念ながらこのハワーデン方式を踏襲するところが多かったのです。使うときにしかコストがかかりません。ですから考えようによっては、物を買うときの物品税のようにしか機能しませんでした。それでも、ドーハンやスパルタ、アラバマ、アイオワ州の5都市、カンザス州の1都市、ネブラスカ、ミネソタ、オクラホマ、カリフォルニア州の2都市などで取り組まれましたが、その欠陥によっていずれも短い期間行われただけでした。イリノイ州エヴァンズトンでは、商業者もその受け入れを決め、商品の売買に活用されましたが、商品売買時にスタンプを負担することが次第に無視されていったそうです。この事実は、貨幣が無担保の貨幣でも誰もが受け入れる信頼があれば流通するものであることをはからずも証明した格好になっています。

本来の自由貨幣の取り組みもいくつか行われました。ロングアイランドのフリーポートでは失業対策委員会が5万ドルの自由貨幣を3種類の通貨単位の紙券で発行し、定期的なスタンプが必要とされました。これは広く受け入れられ、効果をあげたといわれています。

ゲゼル理論はカンザスやアイオワの州議会でも導入が検討され、法の整備も行われ、またアラバマ出身のバンクヘッド上院議員は1933年2月18日に、緊急のときは連邦政府も代用貨幣の発行を認めるという法律を提出しました。またインディアナ州の下院議員ピーテンヒルも同年2月22日に下院に法案を提出しました。しかしこうした提案は金融秩序が回復するなかで実施されることはありませんでした。

米国のゲゼル支持者は自由経済運動を推進する団体を形成していました。彼らは各地で積極的な宣伝をしていました。当時、年金財政も危機に瀕《ひん》していましたので、老齢年金問題は重要なテーマでした。そこで、自由貨幣を発行し、そのスタンプ収入を年金基金の再建に充てようとしました。カリフォルニア州の「ハム・アンド・エッグズ」プランが知られていますが、州議会では否決されました。

米国では400以上の町や数千のコミュニティや組織が緊急通貨を発行していました。多くはスタンプ代用貨幣でした。そうした広がりの理論的な支えになっていたのは、経済学者のアーヴィング・フィッシャーでした。緊急通貨の取り組みは草の根から不況を克服するための需要をつくりだそうとするのを特徴としています。フィッシャーはこれに政府のいっそうの関与を求めようと、当時の財務省次官ディーン・アヒソンに接触しました。しかし、彼はこうした貨幣上の取り組みが強力な分権的意志決定を当然のように前提していることを知り、大統領と協議しました。ルーズベルト大統領は、「緊急通貨」の使用はいずれも禁止することにしました。中央政府が巨額の中央集権化された経済計画を立て、大規模な建設プロジェクトを実施することで、不況からの回復をはかろうとしたのです。１９３３年3月4日、草の根の取り組みは禁止され、ニューディール政策が発表されました。ここで米国におけるゲゼル理論の実践は終わることとなります。

未来学者にお金の未来を聞く

私たちはフロリダに住む未来学者を訪ねました。未来学者ヘーゼル・ヘンダーソンはニューヨークタイムズやニューズウィーク、ファイナンシャルタイムスなど２５０以上の新聞や雑誌に記事を書き、これまでに出版した本は27ヵ国語に翻訳されています。主な著書は、『地球市民の条件――人類再生のためのパラダイム』（新評論）、『エントロピーの経済学』（ダイヤモンド現代選書）、『国連――オルタネイティブに関する資金援助と政策』などですが、最新作『敗者なき世界を築く』のなかで、ヘンダーソンは現在の経済システムがいかに世界を混乱に陥れ環境を破壊しているかを説き、もう一つの道を示唆しています。

ヘンダーソンに1930年代の緊急通貨について聞いてみました。

「何千もの地域通貨があらゆる町や村で発行されました。企業はこれら緊急通貨と呼ばれた通貨で社員に給料を支払いました。失業保険組合も独自の通貨を発行していました。当時このような通貨が地域に出回っていたのです。これこそが地域のなかに地域の資本をとどめておく最高の方法だったのです。

大恐慌で資本主義は転機を迎えました。ドイツではファシズムが台頭し、各地で共産主義が広がり、アメリカでニューディール政策がとられたのです。ニューディール政策によって政府が地域にお金をそそぐようになりました。そうすることによって地域の人々が環境を整備したり、アートプロジェクトを起こしたり、地域の公共施設や博物館を建てたりという国家事業が全国的に展開しました。またルーズベルトは地域社会の雇用促進にも予算を充てました。実にすばらしい公園や博物館が実はこの政策で建てられたのです。この政策で地域通貨は姿を消しました。国家資本の社会主義的な公共投資が地域の経済を活性化することに成功したからです。しかし政府の経済政策がまずくなれば地域通貨はいつでも復活すると思います。

そしていま、ふたたび地域通貨は切実に必要とされています。政府は、この〝グローバル・カジノ〟といった状況をどうコントロールしたらいいのか、まったくわかっていないのですから」

米国でいま起きている地域通貨や自主通貨運動の素地は、１９３０年代からつくられていたのです。アメリカ国家の経済政策はもはや一国の範疇《はんちゅう》を超えて全世界を巻き込みながら暴走しています。こんなグローバル・カジノと呼ばれるような状況は米国でも貧富の差を拡大させ、１％が99％の所有する富以上の富を占有しているこれまでの状況をもっと押し進めています。現在のイサカのような地域通貨の運動は、自分たちがそのような実体をもたないままに狂乱する経済システムに巻き込まれることを拒否するための手段でもあるのです。

政府の積極的な財政支出による経済回復という、いわゆる「ケインズ政策」とも機能的財政ともいわれる方法で収拾された30年代の経済混乱から、歴史は一周して、いま、その限界が多くの人に意識されています。90年代の米国では、イサカアワーに始まってそれと歩調をあわせるかのように忘れられた30年代の補完通貨の実践がよみがえり、各地で簇生《そうせい》しつつあります。

米国における地域通貨の広がり

経済史のなかでは補完通貨と呼ばれる法定通貨とは別に発行される通貨は、この90年代、地域の経済を活性化するために、あるいは環境を保全するためにと、さまざまに目的と姿を変えてよみがえりました。その多くは地域に根ざしており地域通貨と総称されています。またイサカアワーのように時間をお金に換算する地域通貨をタイムドルと呼んでいます。この種の地域通貨は、例えばニューヨークのブルックリンで使われているグリーンドルなどアメリカ各地で見ることができます。8年前、ポールはイサカでの実験をもとにスターターキットを発売しはじめました。アメリカ人の好きなドゥーイットバイユアセルフ方式で自分たちで地域通貨を始めるためのノウハウを解説した本とビデオそしてイサカアワーの見本が入って40ドル。このキットで同じような地域通貨を始めた町のリストがイサカアワーのホームページ (http://www.lightlink.com/ithacahours) に載っています。それによれば全米ですでに58のコミュニティが自分たちの地域通貨を使いはじめており、そのほかに47のコミュニティが準備中だといいます。

例えばカリフォルニアのバークレイではブレッドという名の通貨が使われていま

す。これは1997年、バークレイのグループがイサカの例にならって始めたものです。通貨の単位はブレッド、1ブレッドが1時間の労働に相当し、ドルに換算すると12ドルになります。50人で始まり、1年後には1000人がビジネスリストに名を連ね、900ブレッドが地域を循環するようになりました。この地域ではこれまで正当に支払われていなかった介護の時給がブレッドによって支払われるようになり（1時間12ドル）、介護者にとくに喜ばれているといいます。またボランティアに謝礼として支払われることでボランティア活動が活性化するという効果も生みだしています。

労働貨幣

1930年代の不況の時代に米国の商店や銀行が独自に緊急貨幣を発行しはじめたことは前述しましたが、イギリスではその100年も前に米国に先駆けて同じような運動が起きていました。1830年代前半、イギリスのロバート・オウエンなどの社会主義者たちが考案した「労働貨幣」です。この「労働貨幣」は生産物の生産に要した労働時間を具体的に示した証書であり、労働者自ら生産した生産物を「労働交換所」にもちこんでその労働時間に等しい「労働貨幣」を受け取る仕組みになっていました。これで自分の欲しい物と交換することができたのです。1832年にオウエンはロンドンに実際にこの労働交換所を設立し「労働貨幣」を実践に移しました。しかしわずか3年でこの試みは失敗します。

問題は「労働貨幣」を使うグループとその外部とをどう関係づけるかにありました。しかし、この試みはカール・マルクスによって痛烈に批判され、1世紀近くも顧みられることはありませんでした。大恐慌のあとの不況の時代に盛んに発行された米国の緊急通貨のルーツはここにも求めることができます。

1933年にウォータールーやカンザス、アイオワ、ハーレム、ニューヨークなどではイサカと同じくこの「労働貨幣」をアワーと呼んでいました。オウエンの実験から150年近くもたった1983年、この労働貨幣が、現在世界中に広がった地域通貨、通称LETS（Local Exchange Trading System）として登場することになるのです。

LETSの誕生

オウエンの「労働貨幣」からおよそ150年、カナダのバンクーバー、コモックス地方に住むマイケル・リントンはグリーンドルというモノやサービスを直接交換するシステムLETSを始めました。

当時コモックスの町の経済はそれまで依存していた製紙工場などの閉鎖によって不況と失業の悪循環に陥っていました。貨幣がないならばその代わりとなる交換の媒体があればと地域内だけに通用する交換のシステムが考案されました。

ＬＥＴＳはモノやサービスの提供を受ける人がそのつど新たにグリーンドルという計算単価で代価を発行する仕組みになっています。口座ゼロから出発し、グリーンドルを使うと口座からその分がマイナスになる仕組みです。実際の貨幣が発行されるわけではありません。各メンバーがもっている口座のなかに記録されていくのです。全体の動きはＬＥＴＳ事務所に報告され各メンバーの勘定に記入されていきます。リントンはこの口座におけるマイナス部分を負債というよりはＬＥＴＳへの関わりの深さを示す指標と位置づけました。

将来ＬＥＴＳに新たな財やサービスを提供してくれる可能性を表しているというのです。この点が従来の貨幣システムを凌駕しているＬＥＴＳの新たな価値観を示しています。ＬＥＴＳは、従来の市場経済の枠組みのなかでそのシステムを利用しながら新しい地域循環型の市場を形成する一方で、コミュニティ形成に役立つ道具として世界中で注目され、それぞれがそれぞれの地域に応じた仕組みを模索、展開するようになったのです。

2 ヨーロッパに広がる交換リング

旧東ドイツで市民が失ったもの

ドイツのザクセン・アンハルト州のハレ市は旧東ドイツの街の一つです。1989年のベルリンの壁の崩壊、1990年の東西ドイツの統合によって旧東ドイツには新たな経済システムの波が押し寄せました。体制が変わり、多くの市民たちは資本主義の原理のもとでの生活を始めました。自由と競争のなかで、既存の多くの企業が倒産し、街には失業者が溢れました。

現在のハレのマーケットには物が溢れています。物も少なく自由にしたいこともできなかったが、生活に困ることのなかった社会主義の時代から、何でも手に入るが失業の不安を抱えた資本主義の時代へ。ハレの人々はこの変化をどう受けとめているのでしょうか。

「統一で何が変わったかって？　個人的には何の意味もなかったわ。大きな変化といったら、バナナを街でも見かけるようになったことかしら。お金も増えたし、可能性も増えた。でも仕事も増えて忙しくなったわ」

「すごく変わったね。昔より働かなくちゃならなくなったよ。でも、いまは飛行機に座ってあちこちに旅行できる。以前はできなかったからね。いまはすっかり満足しているよ。一所懸命働けば、何でもしたいことができるようになった。ベンチに座ってちゃ何もできない。酒だけ飲んでても、何もできない。いつも働いてなくちゃ」

「東独時代はお金があまりなかったから、使わないことが身についているの。お金は物を買うときの交換手段よ。左右されてはいけないわ。いまではお金があれば幸せになれるというけれど、それは違うと思うわ」

社会体制の急激な変化は市民の経済生活だけでなく、共同体意識にも大きな変化をもたらしました。ドイツ統一の２年後、１９９２年、このハレの街で、コミュニティをつくり直そうという試みが始まりました。

デーマーク（dö-MAK）という独自の経済単位をつくり、現金を使わず通帳上でモノや仕事を交換するシステムで、交換リングと呼ばれています。交換リングは、紙幣や硬貨などのいわゆるお金は発行していません。お金の代わりに会員同士が通帳をもち、モノや仕事を交換するたびにその「値段」や「料金」を決めて記入するシステムになっています。

交換リングはどのように機能しているのでしょうか。取引を実際に見てみましょ

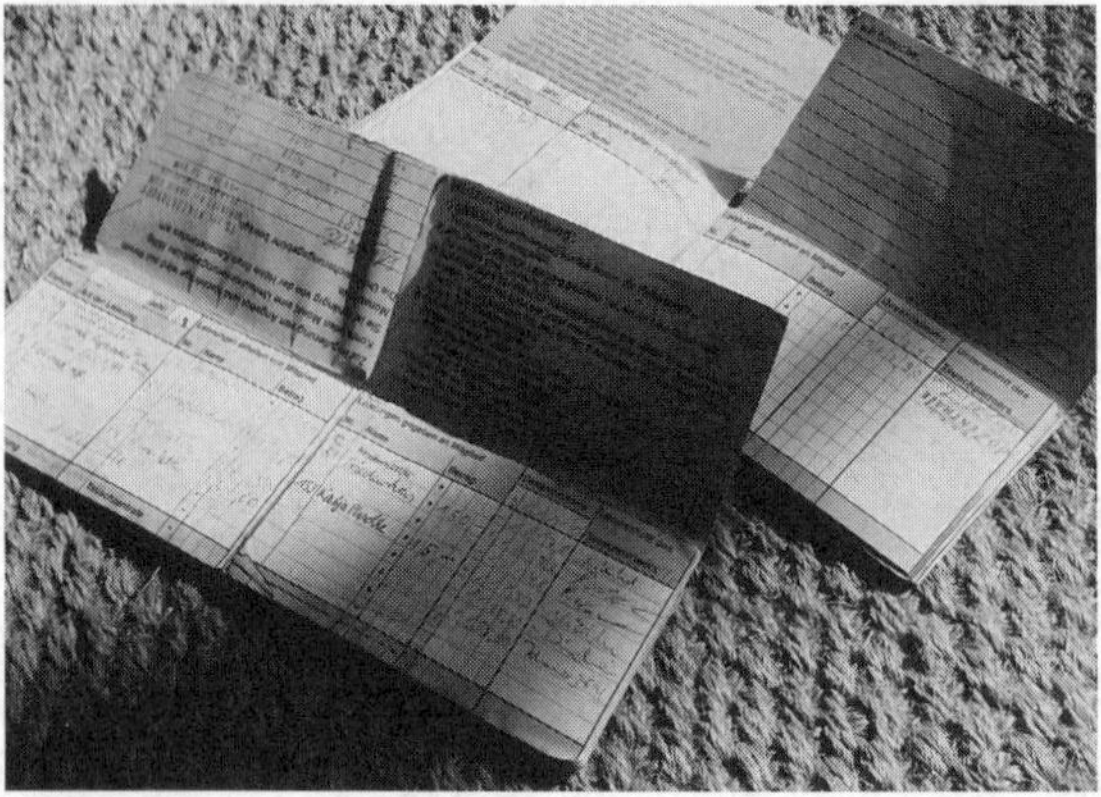

旧東ドイツ・ハレ市の交換リング「デーマーク」では、現金を使わず、この通帳上でモノや仕事を交換する。

う。

交換リングの会員、クリスティーネは、愛用のトレイが壊れてしまい、同じ交換リングに属する木工所に修理を頼みにやってきました。この日は、作業代として15デーマークを支払うことで商談が成立しました。クリスティーネは通帳の支払いの欄に15と書き込み、これまでのトータルから差し引きます。木工所の通帳にはプラス15と書き込み、こちらは合計欄にその額を繰り込みます。最後に互いに確認のサインをして、これで取引完了です。

ふつうのお金に慣れ親しんでいる者にとって、勝手に勘定単位を定めて、通帳に書き込むだけでモノやサービスを「買う」という光景は何とも不可思議に見えます。まして、「元手」をもたなくても、いきなりモノやサービスを手に入れることが、デーマークならできるのです。でも、もし、さんざん物を買って、マイナスがかさんでいったらどうなるのか？　マイナスをもったまま、会員がどこかへ消えてしまったら、どうするのか？　いろいろな不安や疑問が頭にわいてきます。交換リングの仕組みは一体どのようになっているのでしょうか。

お金なき交換リングのシステム

交換リングは限られた会員のなかで、従来の通貨ではなく、独自に設定した勘定単位を用いて、モノやサービスを取り引きする仕組みです。交換リングの「お金」である独自単位には紙幣や硬貨はありません。交換リングに参加を希望する者は交換リングの主催者に申し出て、「口座」を開設し、「通帳」を交付してもらいます。参加者は取引を行うたびに、取引相手と相談して、サービスやモノの「値段」を自分たちで決め、この通帳に受け取ったり、支払った単位を書き込みます。

通帳の交付と同時に、自分が提供できるサービスやモノ、また提供を受けたいサービスやモノの品目を主催者に申し出ます。主催者はこの会員各自の申し出をとりまとめて、交換リストを作成して、会員に配布します。このリストは、日本でもよく地域情報誌などで見かける「売ります」「買います」のページと似た形式のもので、品目やサービス内容とともに提供者や希望者の連絡先が記されています。会員は基本的にこのリストを見て、自由に交換を行うのです。

たいていの交換リングでは会誌の発行や郵送などにかかる実費として、現金で会費を徴収しています。デーマークでは年会費として5マルク、通帳発行のたびに5マルク、計10マルク（800円程度）を支払うことになっています。

さて、交換リングでは口座にあらかじめプラスをもっていなくても、取引を開始することができます。取引によって単位が生じるので、〝元手〟は必要ないのです。例えば、A、B、Cの3者で図表3（次頁）のような取引を行ったとします。

図表3で見るように、それぞれのサービスや物品の価格が違っていても、各自の口座残高がどうなっていても、交換リング全体の収支は、つねに原理的にプラスマイナス・ゼロになります。また、交換リングの単位には「利子」がつきませんから、会員は口座残高がマイナスになっても、金利で雪だるま式に増えることはありません。個人個人が自分の判断とペースで取引を継続するなかで、できるかぎりゼロに近づくように努めればよいのです。

図表3　プラスマイナス・ゼロのお金

〈交換リングでのサービスと単位の動き〉

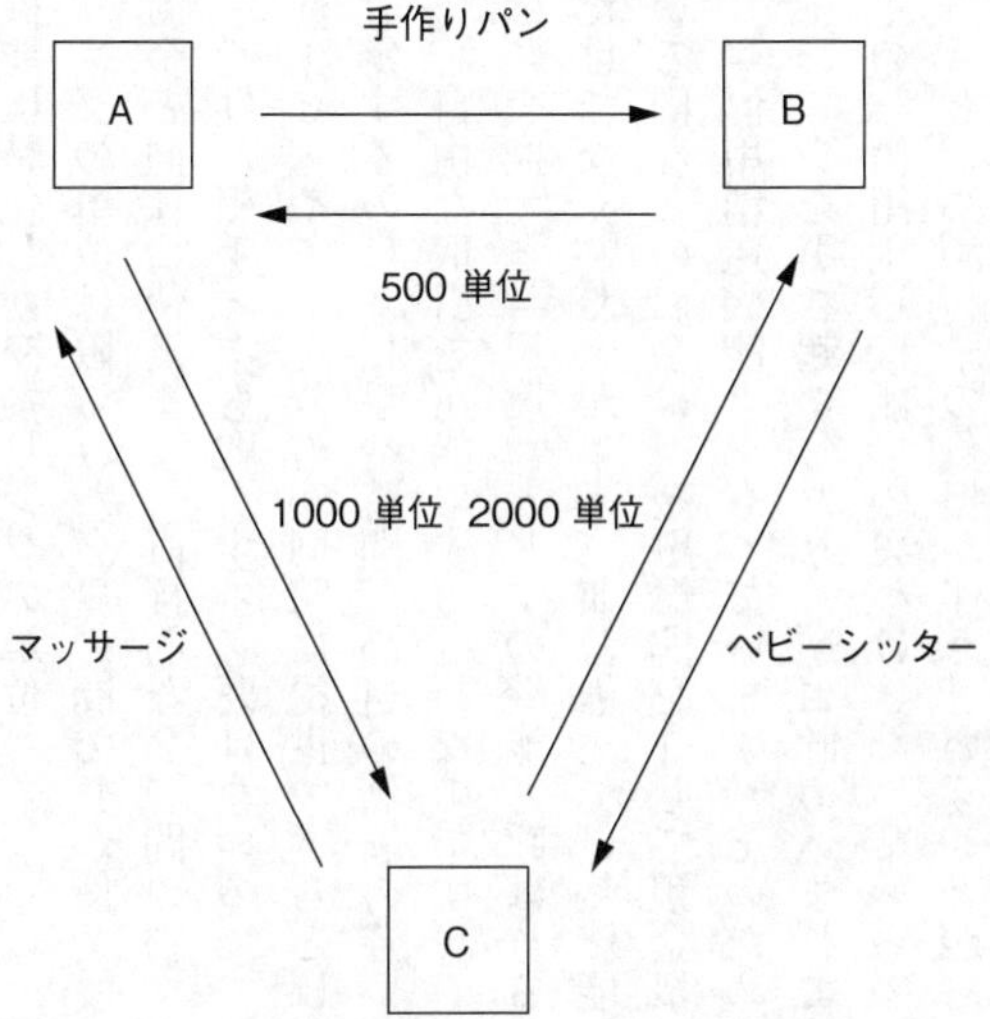

〈上記の取引に伴う各会員の口座の動き〉

取引項目	A の口座	B の口座	C の口座	リング全体
A が B にパンを	＋500	−500	0	0
B が C のベビーシッターを	＋500	＋1500	−2000	0
C が A にマッサージを	−500	＋1500	−1000	0

交換機能に特化した交換リングの単位

交換リングの単位は限られた会員の間でしか使えませんが、そのかぎりにおいてふつうのお金と同様に使えます。直接的な2者間の物々交換のように、サービスやモノの提供を受けた相手と次も取引する必要はないのです。また、物々交換では、いつも等価のサービスやモノを双方が同時に提供できるとは限りません。こうした単位をわざわざ設定するのは、相手や時間、品目の価値の違いなどのさまざまな制約や条件に縛られず、自由な取引を可能にするためなのです。

これは「交換」と「尺度」としての機能と呼ばれるものであり、交換リングにおける単位だけでなく、お金が本来、兼ね備えている機能です。しかし、現在ふつうに使われている円などのお金は、金融機関を介して預金量以上の額を貸し出すことができるという「信用創造機能」をもっています。そのため、過剰に資金を民間に供給しバブルやインフレを引き起こしたり、逆に貯め込まれて停滞するという事態を生みだします。その「信用創造機能」の裏づけとなっているのが、利子の存在です。お金がどこにあろうと、必ず利子の負担が伴うということがあいまって、お金の最大の利点である交換機能が阻害されるのです。

交換リングの単位はマイナスをもっていても、それがどんどん増えるということがありませんが、逆にプラスをいくら貯め込んでも、結局それも交換リングのなかで何らかのモノやサービスと交換しなければ何の意味ももちません。交換リングの独自単位は、まさに円滑な交換のために存在する「道具」なのです。

ドイツの多くの交換リングでは会員への信用貸し、すなわちマイナスの限度額を定めていますが、その意図は交換をうながすことにあります。ハレのデーマークでは、さらにゲゼルの自由貨幣にならい、プラスの口座から月に1％、年に12％を差し引くシステムを採用し、流通を促進しようとしています。

交換リングの強み

交換リングの利点は、さまざまなサービスやモノを手に入れることができるということもさることながら、会員が自分の思わぬ〝能力〟を発見することです。会員は交換リングに加わることで、自らが提供できるサービスやモノについて思いをめぐらすことになります。そこで、マルクなどのふつうのお金の世界では「仕事」や「商品」とみなされなかったささやかなサービスや手づくりの品物などを思いつく可能性があります。しかも、顔の見える関係のなかで取り引きされることで、個性的で、安全性や質の高いモノやサービスがやりとりされることも期待できます。また、そうした価値が、輪のなかから外に出て行かないという利点があります。

デーマークの会報で主な取引項目を拾ってみると、修理、建築や改築の手伝い、ベビーシッター、子どもの世話、カウンセリング、コンピューター操作の教授、車の運転、ガーデニング、手づくり作業、家事手伝い、家具、家電などのリサイクル品の交換、旅行の添乗、各種コンサルタント、語学や音楽、ダンスの教授など、実にバラエティに富んだモノやサービスの提供・リクエストが並んでいます。時代を反映して、環境とエコロジーという項目で食料品や有機農業生産品の交換などもあります。

使える範囲が限られているということは、一見不自由なことに見えます。また、どんなに交換リングの輪が広まっても、依然として従来の通貨でしか手にすることができないモノもあるでしょう。しかし、デーマークのようなもう一つのお金を併行して使い、マルクや円などの通常貨幣に対する依存度をより小さくすることができれば、一極化に突き進む現在の資本主義に歯止めをかけ、健全な意味で地域と個人の自立をうながす経済を形づくる可能性が生まれてきます。

マイナスが結ぶ共同体意識

現在、交換リング・デーマークの会員は200人あまり。同様の実践は、ドイツ国内の約200地域で行われています。

ふたたびデーマークの取引の実際を見てみましょう。会員は通常、会報のリストを見て、個人個人で連絡を取り合って取引を行います。ゲルトラウト・シュトローバッハは60歳、旧東ドイツ時代からのハレ市民です。彼女はデーマークでカウンセリングを受けられると知り、カウンセリングを提供するバーチの家を訪ねました。

シュトローバッハは旧東ドイツ時代の職を失い、家族との関係もうまくいかなくなってしまいました。心の拠りどころを求めて交換リングに参加し、新しい生活をつくりあげたいと考えています。

「ドイツ統一の長所ねえ。ほんとうのことをいうと、長所はまだ一つも見つけられないんです。短所は、仕事と友人たちを失ったことですね。とくにいままでの仕事の仕方がすべて否定されて、新しく入ってきた方法しか受け入れられなくなったことです。何年もその仕事をやってきたのに、そのやり方が門前払いを食らってしまったんです。これが私には一番つらいことでした。

収入は、いまも旧東ドイツ時代に稼いでいた額と同じだけあります。でも、いい例が家賃ですが、昔は85マルクだったのが、いまは697マルクも払わなければならなくなりました。他の物も値上がりしました。娘が大学に行かれないとか大学入学資格試験を受けられないというようなことはなくなりましたけれどね。

私は社会主義者でしたし、いまでもそうです。社会主義はギブ・アンド・テイクの社会でした。デーマークはそれをもう一度再生させたんです。お金、お金、お金。お金がすべてじゃない。それが私にはすばらしいのです」

デーマークでは1デーマークが1ドイツマルクに相当します。また、サービスの種類によっても違いますが、一時間の労働＝10デーマークを交換の一つの目安としています。交換する者同士で自由に取引の値段を決められるのも、交換リングの大きな特色です。

カウンセリング代としてシュトローバッハはバーチに10デーマークを支払うことにしました。交換リングでマイナスをもつということは、その分を誰かに返さなければなりません。そこで、新しい関係が生まれます。マイナスのデーマークは、共同体の一員である証になるのです。

「デーマークに期待することは、私が生活環境を変えるきっかけになることです。私が稼ぐお金では、できないことがたくさんあります。例えばガーデニングです。私はずっと庭をつくってみたかったんですが、経済的な負担が大きくてできませんでした。でもデーマークでガーデニングを手伝うという可能性を見いだしたのです。デーマークならばお金をかけずにそれができるばかりでなく、同時に責任を果たすこともできます。施し物を恵んでもらわなくても、自分の力で何でも手に入れることができるんだとわかったんです」

カウンセリングを提供し、プラスを手にしたバーチも、その日はデーマークの会員としての初めての交換でした。バーチはなぜ、交換リングに参加しようと考えたのでしょうか。

「以前は、お金があっても何でもできるというわけではありませんでしたが、それを痛切に、否定的に味わったこともありませんでした。でも、いまの社会では、お金で見積もることしかできません。その枠からはみ出した物事は消し去られなければ、仕事もこなすことができなくなります。個人的な側面なのに、大きな社会的なことが、人間の生きる価値に影響を及ぼしています。お金になるような仕事がなければ何もできない、そして同時に自分は価値がない、というように。

統一後、ここでは物質的なことがなにより重要なものとみなされるようになりまし

も。いつもお金、お金、お金があればなんでもできる、他の人のことなんかどうでもいい。そういうことを残念に思っていました。昔は、夫が誰かの手伝いをすれば、うちの改築の手伝いにはその人が来てくれました。当時は、『人の手を別の人が洗ってあげる』という格言を口にしたりしたものです。そういう関係が崩壊して、今度は交換リングのような考えが生じました。それをすばらしいと思って、いっしょにやりたいと思ったんです。

でも、私には3人も子どもがいますから芝刈りはできない、やぶも刈れない、ベビーシッターにも行けない。提供することが何もないと思っていたんです。でも私は修了証をもっているからカウンセリングができるじゃないか、と気づきました。相談に来る人も、助けが必要だという気持ちばかりではなく、やれることだってあると思っているはずです。何かを受け入れる気持ちをもっているはずです。私だって、自分ができない芝刈りを誰かにやってもらうということに、少し躊躇《ちゅうちょ》しました。でも自分に何かできることがあれば、そういうこともっと気軽に受け入れられるということがわかりました。だから交換リングに入ったんです」

デーマークの創設

デーマークの本部はユリング邸と呼ばれる青少年のための福祉施設におかれています。閑静な邸宅街にあるこの施設で1991〜1992年、青年向けの経済講座が行われました。この講座でシルビオ・ゲゼルの自由貨幣やヴェルグルでの実践について学んだことがきっかけで、交換リング・デーマークは発足したのです。デーマークの代表であり、創設者でもある牧師のヘルムート・ベッカーは、当時ユリング邸を青少年が自由に利用できる施設へ本格的に改装することを考えていました。青年がここで宿泊する代わりに、何時間か作業をしてもらってはどうだろうか……、ベッカーは改装作業と青年たちが自力で施設の利用料を稼ぎだすことを交換リングという形で結びつけて、両立させることを思いついたのです。

その後もベッカーは青年たちに必要なサービスが交換リングで供給できるように、さまざまな試みを行い、その活動をハレの街全体に広げていきました。なかでも1995年に行われた演劇公演はデーマークの存在をハレ市民に強く印象づけることになったといいます。

いまでは、ユリング邸のカフェや宿泊施設だけでなく、街の中心部にある劇場でも

デーマークの本拠地がおかれているユリング邸（ドイツ・ハレ市）。

入場料の一部をデーマークで支払えるようになっています。週に1回、会員が集まり交換を行っているカフェバー・タリアもそんな施設の一つです。ここではオーナーが交換リングの会員となっており、デーマークでドリンクを注文することができます。また、ここでライブを行う音楽バンドのなかにはギャラをデーマークで受け取り、ユリング邸に宿泊するバンドもあります。

いま、ハレの街では西側からの資金の投入による建築ラッシュが起こっています。しかし、活気を取り戻したかのように見える一方で、不況のために見習い研修を受け入れる事業所が減り、青年たちが職業資格を取得することすらできないという深刻な状況が続いています。ベッカーはデーマークをそんな青年たちの支えとなるようなものにしたいと考えているのです。

失業者の救済も

デーマークの会員、マルティン・バーチは失業中ですが、３年前から交換リングに参加することで生計を立てています。ユリング邸の敷地のなかに住居を借りて、邸内の管理人や庭仕事などを中心に、交換リングで求められるさまざまな仕事をしています。現金収入がほとんどなくても、デーマークなら月35時間も働けば、部屋代と食事代を稼ぎだし、自由に残った時間を使うことができるといいます。

バーチの通帳を見せてもらうと、トータルはかなりのマイナスになっていました。しかし、ふつうのお金の借金と違って、バーチにはまるで悲壮感がありません。このマイナス分を稼ぎだそうと、バーチがいま取り組んでいるのがパスタづくりです。ほかに、邸内の庭に自生している野バラやりんごを利用してハーブティーやワインもつくっています。週1回、開かれるデーマークの会合にもっていって売るのです。材料費など、現金がかかるモノについては、デーマークとドイツマルクを組み合わせて取り引きします。もちろんその場合も取り引きする会員同士で自由に価格を取り決めます。バーチにとって、デーマークを稼ぐことは生活費を稼ぐための義務的な行為ではなく、ライフスタイルの一部となっているのです。

カフェバー・タリアでは週１回、交換リング「デーマーク」の会員が集まっている。

「交換リングは人生を救ってくれるもの、そういえると思います。いままでのどんな職場もこんなに快適と思えるところはありませんでした。仕事も楽しいし、周囲の人たちもいいし、労働時間もいいし、フレキシブルなところが気に入っています。昔は制限があって、自由に動ける空間も狭かった。でもデーマークだったら僕は完全に自由です。自分自身で全部計画して、決定することができます。その意味で、交換リングにおいては僕が主人でいられます。これこそ僕の生活スタイルだといえます」

こう語るバーチですが、いま大きな悩みを抱えています。交換リングで生計を立てていることで就業しているとみなされ、失業手当が停止されそうだというのです。バーチは、どんなに交換リングに助けられていても、補完的なものであって、それだけではやはり生活できないといいます。

交換リングの取引も一つの商取引に違いありません。ふつうの通貨での商取引には、ドイツでも税金がかかります。また、所得税の問題もあります。ドイツ国内の交換リングは個人を中心にした小規模なものなので、いまはまだ、こうしたふつうの通貨との軋轢《あつれき》は起きていません。しかし、交換リングが真に地域経済に貢献するシステムとなるには、税金の問題は避けられないことです。

フランスで300以上の拠点をもつ地域通貨SELでは、SELでの取引は経済活動に伴うもの（工業・商業・農業の主な活動）であり、付加価値税の対象になると考え、課税について以下のようなルールを設けています。

すなわち、SELによる収入が9000フランを超えない場合は課税されず、申告する必要もありませんが、9000から2万1000フランの間の場合は、何を得たかまで申告する必要があります。2万1000から7万フランを得た人は、何を得たかまで申告し、付加価値税を支払わなければならない可能性があります。財・サービスの購入者に対しては、申告の必要はまったくありませんが、専門的なサービスの場合（内科医や弁護士など）は、課税の対象になる、といった内容です。SELだけでなく、他の地域通貨の運営者たちも地域通貨が税金を逃れるための方策とは考えていないようです。

デーマーク代表のベッカーは、国民通貨のマルクと交換リングの地域通貨の関係をこう語っています。

「私たちは、ドイツマルクやユーロを排斥しようという目的はもっていません。ただ一歩一歩、歩みつづけて休閑地を満たし、ドイツマルクが残した穴を埋めてくれればいいと思っています。ドイツマルクにおいて、まったくお金をもたないような人はほとんどいません。能力や原料をもっていながらそれを交換するすべもなく、突然、座り込む人がいるだけです。そのような穴を、私たちは埋めたいのです。社会は人間の体のようなものです。デーマークは傷口から流れ出てしまおうとする血のなかの白血球なのです。これまでの血をすべて捨てて、それにとって代わろうというのではありません。ただ傷口をふさいで、ふつうの血、つまりふつうのお金がまた流れるようにしたいのです。デーマークはふつうの通貨と敵対するものではなくて、並存するものなのです」

リ・ヴィア2000の挑戦

いまハレのデーマークをはじめとして、ヴィッテンベルク、デッサウ、ライプチヒ、フライブルクの交換リングが協力して、活動をさらに広めるためのプロジェクトに取り組んでいます。ReWIR（リ・ヴィア）2000と呼ばれるそのプロジェクトは、一つの街だけでなく、その周辺地域を含めて、2000人規模で地域経済を促進しようとする計画です。現在、ドイツの交換リングは150人から200人規模の個人会員間の取引が中心です。このなかに、ふつうの一般の商店企業も引き込むことで、地域規模で貨幣の循環を得ることができるようにしようというのです。

フライブルク市を中心に活動する交換リング・タレントではこのプロジェクトの一環として、一般商店などに寄付の形でクーポン券を発行してもらい、地域通貨のタレントとそのクーポン券を交換する形で、タレントが一般商店でも利用できるようにしようとしています。これによって、いままでは自転車の修理やベビーシッターなどのサービス的な交換項目が多かった交換リングの市場に、例えばパン屋や食品店などの日常商品が加わることになります。また、クーポン券を提供した商店は交換リングの輪のなかに入ることで、顧客の枠を広げることができます。この引換券は寄付ですか

いくつかの交換リングが手を組んで活動を広げるためのプロジェクト「リ・ヴィア2000」のパンフレット。

ら、その分の現金が交換リングに残ることになります。この現金の使い道については、寄付を行った人たちで委員会を形成し、決定することになっています。

タレント代表のノルベルト・バイヤーは、リ・ヴィア2000のねらいをこう語っています。

「タレントをはじめとした交換リングでは、多くのいろいろな商品が扱われていますが、小売商はほとんど属していません。小売商は、商品をマルクで仕入れなければなりませんから、なかなか加わってはくれないのです。リ・ヴィア2000は、社会と経済にかかわるプロジェクトです。それは、社会的に必要な仕事に報酬を与えて促進すると同時に、商店や企業の売り上げを増加させます。具体的には、企業がクーポン券を寄付の形で提供します。そのクーポン券は、交換リングにおいてタレントと引き換えることができ、結果として自由なボランティアによる新しい仕事を呼び起こすことになるわけです。それは、タレントにとって、大きな利点となります。商品提供の幅を広げ、小売商が加わっていないという穴を埋めることができますから。さらにタレントによって支えられている他の共同のプロジェクト、例えば、薬物更生施設、世代同盟など、いろいろな公益事業が、地域によって支えられることになるのです」

こうしたプロジェクトを通じて、街の商店でごくふつうに交換リングのお金が使用できるようになれば、人々は地域で必要を満たし、経済と生活を活性化させることができるようになるでしょう。現行通貨も他の地域へ逃げていくことはなくなります。ドイツの交換リングは、相互扶助のレベルから地域経済活性化のレベルへと飛躍することになるのです。

3 銀行の国スイスで生まれたヴィア銀行

シルビオ・ゲゼルから始まって60年

大銀行の拠点として世界の資本が集中するスイス。ここに、個人間ではなく零細な商店や中小企業のための、60年の歴史をもつ交換リングがあります。

バーゼルに本店をおくヴィア銀行（WIR BANK）はベルン、ローザンヌ、ルセルヌ、サン・ガル、チューリヒと、スイス国内に5つの支店をもつ協同組合銀行です。1934年に創設され、36年以来、スイス銀行法にのっとった正式な銀行として運営されています。

ヴィア＝WIRはドイツ語で「経済サークル」を意味するWIRTSCHAFTSRINGの頭文字であり、「われわれ＝WIR」すなわち、「仲間」の意味が込められています。ゲゼルの理論を母体として誕生したシステムです。

1929年のニューヨーク・ウォール街の株価の大暴落に端を発した世界大恐慌の嵐のなか、30年代のスイスはどん底の経済状況にありました。スイスにおいて政府がとった対策は、多くの他の国々と同様に、資本が国外に流出するのを回避するために輸入障壁を設け、外国との金融取引を制限することでした。しかし、自国の経済の保護のみを考えたこうした政策は、経済危機をさらに大きくするだけのものでした。モノや労働力は過剰にあるのに、それを売買する貨幣の流通量が不足しているという状態でした。結果、スイスでは10人に1人の割合で失業し、中規模の商工業も厳しい事態に遭遇することとなりました。現在のような国の社会制度がほとんどない時代にあって、勤労者は経済の破産状態と貧困におかれ、小企業の倒産はかつてない数字に達したといいます。スイスの輸出や観光ホテル業の売り上げは、なんと5年間で65％減少しました。

そんなスイス経済の破滅的な状況のなかで、ヴィア銀行の母体であるヴィア経済リングは誕生しました。スイスではドイツや米国などのとる政策を見ながら試行錯誤する一方で、民間レベルでも経済振興策が生まれました。メイド・イン・スイスのシンボルである洋弓のマークや、農家の副産物を売ろうとする民芸運動がそれです。１９３４年10月に設立されたヴィア経済リングもその一つでした。

当時、スイスにはゲゼルの自由経済理論を信奉する人たちが約5万人いたといわれています。自由経済の理論によれば、こうした惨憺《さんたん》たる状況は、責任を負うべき当局の不十分な貨幣供給と、蓄財によって変調を来《きた》した貨幣流通に原因があると考えられていました。こうした危機の時代を乗り切るために、助けあいの協同組織が世界のいくつかの場所でつくられました。その代表的な実践が、オーストリアのヴェルグルの労働証明書（１９３２～33年）やドイツのシュヴァーネンキルヘンの炭坑会社で発行されたヴェーラ（１９３１年）などの自由貨幣です。また、イギリス、フランス、ドイツ、オーストリアの随所で、交換リングが形成されていました。

スイスでの経済リングの創設者、ヴェルナー・ツィマーマンとポール・エンツもこうした自由経済運動の断固とした支持者でした。彼らは中小企業や零細な商店が自らの力でこの不況の嵐を乗り切るために、スイスフランとは別に、ヴィアという利子のつかない独自の単位をつくり、取引を行うことを提唱し、実行に移したのです。

ゲゼルの自由貨幣からの脱皮

ヴィア経済リングは、1934年10月に16人の創立メンバーと4万2000フランの資本金をもとに協同組合としてスタートしました。翌35年末にはすでに会員は3000人、年間売り上げは100万フランに達し、36年には銀行法の適用を受けるまでに発展しました。利子のつかないヴィアという単位で互いの取引を清算しあうシステムは、流通する貨幣の不足にあえいでいたスイス企業に確実な救済をもたらしたのです。

さらに、1938年には、ヴィアはゲゼルの自由貨幣理論にのっとり、時間とともに目減りする紙券を発行しました。この紙券はヴェルグルの労働証明書と同様に、有効期間1年で、毎月印紙を裏に貼るようになっていました。しかし、リングの外へ売られるという不正が相次いだために1948年に廃止され、実際の紙幣の発行は行わず、ヴィアという単位での取引だけに限定するようになりました。さらに1952年にはヴィア経済リングは正式にゲゼルの自由貨幣理論から離れることを表明します。

ゲゼル理論について、ヴィア銀行のエルヴェ・ドゥボワはこう語っています。

「創設以来、いろいろな経験があって、ゲゼル理論に対する考え方は変わってきました。しかしヴィアという単位は口座でたまってプラスであっても、それに対して利子がつきません。利子がつかないことにおいて、ヴィアを循環させようという意図をもっています。これはゲゼルの理論のまさに残っているものといえます。ゲゼルの目減りする貨幣をやめたことについて、私たちが後退したという印象をおもちになるかもしれませんが、ゲゼル理論から出発しながらも、時代時代で少しそれを変えながら適応してきたというところが、ヴィア銀行がいままで存在してきた理由ではないかと、私たちは考えています」

高度成長期の飛躍と試練の季節

ヴィアの約款《やっかん》の第２条には組合の目的が記されています。

「協同組合ヴィアは商業や家内工業、サービス提供に従事する諸企業の相互扶助組織である。その目的は参加者を支援することであり、ヴィアシステムによって購買力を相互に行使しあうことである。またこの輪のなかで購買力を維持し、そのことで参加者に追加的な事業量を確保することである」(『ヴィア銀行五〇周年記念誌』所載、ルーカス・マイヤーホッファー『スイス産業におけるヴィア清算システム、実証研究の諸結果』森野榮一訳)

1958年、ヴィアは相互扶助という創設以来の目的を再確認し、高度成長期の到来とともに、飛躍的な発展を遂げます。1960年に6740万フランだった取引額は、10年後の70年には1億8330万フランにのぼりました。

しかし、高度成長は一方でヴィアの清算システムの質の悪化をもたらしました。新たに加入した会員の多くにとっては、その個人的な利益が第一の関心事でした。彼らは法外な値付けで商品を提供したり、一番質の悪いサービスを提供する機会として、ヴィアの清算システムを悪用したのです。その結果、値引きによるヴィア資産の不正取引が横行することになり、ヴィアの加入者が減少するという事態が起こりました。1971年の特別総会では、理事会メンバーが更迭され、新たな理事会には協同組合を新たな指導方針に適用させる重い責任が課せられることになったのです。

この出来事は相互扶助という本来の目的に立ち戻らせたという意味で、ヴィアにとって決定的な転換点となったといいます。当時の理事会の総裁であったH・R・リチャードは経済リング創設40周年にあたって、ヴィアの新たな方向性について、こう書いています。

「成長がお金や利益しか意味しないのなら、また、フランで表した額、別なふうにいえば清算システムの取引額しか意味しないのなら、われわれは私が引き締めとか意識の獲得とかという言葉で定義する時期にまさしくおかれていることに気づくであろう。

時代はいま、無限の成長という夢が少しずつ薄れてきている。現在ある発展を見、おそらくつねに要求される習慣を見失っていたのである。そして意識の獲得が重要にならねばならないのだ。こうした意識の獲得はお金や利益や取引額を超えた基本的な価値観でなければならない。質の観念が量の観念に置き換えられる必要があるのだ」（『ヴィア銀行五〇周年記念誌』所載、エミール・シュテュツ『ヴィア、経済協同組合の輪──歴史的回顧』森野栄一訳）

飛躍的な成長と連帯意識の低下という苦い経験を通して、ヴィアは時代を先取りして、無限の成長を強制する現代の経済に対する、明確な問題意識を共有することになったのです。

2つのマネーの平和共存

現在、ヴィア銀行の会員は、スイス全土におよび、スイス企業の17%にあたる7万6000社が参加しています。売り上げは1992年の時点ですでに20億フランを超え、連帯のネットワークとしてスイス経済のなかに根をおろしています。

ここでヴィアの取引システムを改めて見てみましょう。

ヴィアの取引システムは基本的に、個人間の交換リングと同じです。ヴィアでの取引における支払いは口座を使った資金振替で実行され、それぞれ口座は、一方は借り方に、他方は貸し方に記入されます。支払いを証する書類は小切手の形をとっています。銀行は取引ごとに0・6%か1・5%の手数料を徴収し、銀行の運営費に充てます。この手数料の比率はメンバーがヴィアを受け取る義務を負うかどうかで決まり、義務を負う場合は毎回の取引の金額のうち、2000フランに対して30%をヴィアで受け取ることが義務づけられています。

ヴィアの使える店の表示。

ヴィアの清算システムは会員の間でしか機能しません。したがって会員はヴィアシステムにおける収入をふたたびこのシステムのなかで投資することになり、外部へ流出することがないのです。

ドゥボワはヴィアのシステムの強みを次のように語っています。

「スイスでは、80％が中小企業です。この数字で、私たちの存在意義を理解していただけるでしょう。私たちが、中小企業をどのように支えているかですが、一つには、ヴィアのシステムがスイスフランにプラスアルファのビジネスをもたらしていることです。フランとヴィアが並存することで、お互いにプラスになっています。さらにヴィアに加入することで連帯が強まり、購買力が一つの輪のなかで維持されて、外へ逃げていかないことが私たちの強みです」

ヴィアのシステムはふつうの貨幣システムと常に並存することで成り立っています。1ヴィアは1フランに相当し、取り引きされる商品の価格は基本的にフランでの価格設定に基づいています。また、取引は通常、ヴィアのみで行われることは少なく、スイスフランとヴィアの2本立てで行われます。取引に伴う税はフランで徴収されます。会員だけの閉じた輪のなかでの取引であるということ、2種類の貨幣が同時に利用される構造こそが、ヴィアの大きな特徴であり、強みでもあるというのです。

ヴィアの取引は通常、「ヴィアカタログ」と呼ばれる定期情報誌や一年に1回、更

ヴィアの取引は、この定期情報誌「ヴィアカタログ」などを介して行われる。

新されるCD-ROMの会員リストを介して行われます。製造業からホテル・レストランまで、ヴィアに加盟する事業所はバラエティに富んでいます。カタログには商品やサービスの紹介とともに、その代金の何%をヴィアで受け取るかが示されています。ヴィアは、あくまでも通常の通貨による取引と、同時に併行して実施されているシステムなのです。ヴィアが使えるかどうかは、それぞれの店の入り口に貼られているステッカーでもわかります。

１９９５年にはカードシステムが導入され、それまでの小切手による決済と併行して、カードでの電子決済が可能になりました。ヴィアカードは、ヴィアにおいてはデビットカード（現金引き落とし）として、スイスフランにおいてはクレジットカードとして機能し、一枚のカードでヴィアとフランを併用した自在な支払いが容易にできます。

ヴィアはカード導入と同時に現金ビジネスの分野にも、本格的に参入することになり、正式にヴィア銀行の名称を名乗るようになりました。ヴィアの取引に通常の銀行としての機能が加わることで、名実ともに「銀行」と呼ぶにふさわしい組織となったのです。よりいっそう利便性が増し、ますます多くの会員の支持を受けています。

ヴィアの「正しい使い方」

家電ショップ経営者のハンス・グランツマンは、１９７６年の開店と同時にヴィアに加盟し、20年以上、ヴィアで取引をしています。従業員２人と見習いの徒弟３人の小さな店ですが、この店の経営が順調なのは、ヴィア銀行に加入しているからだと話しています。

「ヴィアはいいことばかりですよ。新しい客がつきますし、ヴィアが動けば　スイスフランもついてきますしね。なぜってヴィアに参加すると、このヴィアのリストに載るでしょう。するとリストを通じて、いままでまったくこの店を知らなかったベルンなどの別の都市からも顧客としてやってくるようになるんですよ」

閉じられたヴィアの輪のなかに加わることで新たに生じる取引が、零細な商店や中小企業にもたらす利益について、ヴィア経済リングの副総裁カール・ボイムガルトナーはこう述べています。

「追加的な取引があるということは事業収支がプラスであるために決定的です。なぜなら取引高の10ないし20%は中小企業にとって欠くことのできない重要性をもっているからです。健全な収益水準が新規投資を可能とし、新製品を開発し、いっそうの効率の向上を可能とするのですから」(『ヴィア銀行五〇周年記念誌』所載、カール・ボイムガルトナー『これからの挑戦に直面する経済リング』森野榮一訳)

ヴィアは会員間の商品やサービスの購買だけでなく、経営や私的経費、従業員へのボーナス、投資などにも使用されています。

グランツマンはヴィアで融資を受け、それをもとに現在の店舗の不動産を手に入れました。ヴィア融資は一定の条件(先に述べた、取引2000フランに対して30%のヴィアの受け取り義務を負うこと)を満たすメンバーだけが受けることができます。元金はヴィアで、利子はフランで返済しますが、一般の通常貨幣の銀行と比べて利子率はきわめて低く設定されています。

ふつうのお金の感覚ではヴィアは貯めても利子がつかないので、商店や企業としてあまりメリットがないと考えられます。しかし、グランツマンはヴィアはその本来の成り立ちからいって、それは当然のことだといいます。

「ヴィアというのは、ふつうのお金のように、ただただ収益として取り込むというものではありません。重要なのはどう使うかということです。ヴィアは本来、受け取るよりも前に使っているべきものなのです。私の店の場合は、1・75％という低い利子でヴィアの融資を受けて不動産を買いました。それをいまヴィアの収益で返しているわけです。そのように、あくまでもヴィアというのは循環させるべきものであって、常に使うことを考えていかなければなりません」

貯め込むためではなく、使うために存在するお金ヴィア。ヴィア銀行のドゥボワも語っています。

「ふつうのフランなら、もっていると利子がついて有利です。しかしそのもっているお金、自分にあるお金しか使えません。つまり、順序として自分がお金をもっていて、それからお金を使うということになりますが、ヴィアの場合ちょうど逆になります。自分がヴィアを使おうとしている分だけ自分が得ようとするわけです。プラスがあっても何の役にも立たないですから。思考がふつうのお金とまったく逆になるわけです」

銀行組織やカードシステムといった現代的な装いをしているヴィアですが、利子システムのなかでふつうの貨幣が見失ってしまった「交換のための道具」という本質は、創設以来60年、まったく変わっていません。ヴィアという単位をつくりだし、それを保ちつづけられたのは、ヴィア銀行が「利潤追求」ではなく「連帯」と「相互扶助」を第一義の目的としていることと不可分といえるでしょう。

ミヒャエル・エンデはインタビューで「自然界に存在せず、純粋に人間によってつくられたものがこの世にあるとすれば、それはお金なのです」と語っています。ある意味で、お金は人類の叡智が生んだものといえるかもしれません。これまで私たちは、いま手にしているお金のありようが唯一、絶対的なものと思いこんできました。しかし、時代は移り、私たちをとりまく世界はそのお金によって、これまでにない大きな課題に突きあたっています。ヴィアはその課題を切り拓くべく、人間の叡智としてお金をよみがえらせるための一つの大きな試みといえるかもしれません。

エンデはインタビューをこう結んでいます。

「人々はお金を変えられないと考えていますが、そうではありません。お金は変えられます。人間がつくったのですから」

第5章　お金の常識を疑う

森野榮一

1932年のオーストリア・ヴェルグルでの自由貨幣の実験（写真上）から学びつつ、いまや国際会議で「お金の未来」が熱心に議論されている（写真下）。

お金——見えて見えないもの

世界には実に多くの種類の文化があるのに、ほぼどこでもよく似たお金の仕組みをもっています。きっと、どの国でも「カネが仇《かたき》の世の中」と思い、お金が不足していることに不満をいい、お金を稼ぐことにあくせくしている人がいるに違いありません。

もし、火星人がいるとして、地球旅行記を書くとします。彼らは当然、自分たちの間で情報やエネルギーを交換する別のシステムをもっているでしょうから、地球人が泣き、笑い、怒り、熱意をかき立てたり、自暴自棄になったりといった様相を見せるとき、そこにお金というものが介在していると知らされても、不思議な顔をするでしょう。

なぜなら、確かに目の前にある千円札はお金です。でも、これがお金というものだといわれても、彼らには、それは紙にインクの染みのついたものに見えるでしょう。彼らが、お金って何だろうと思って、それをよくよく見ても、お金の真の姿は見えません。紙とインクだからです。これをどろどろに溶かして電子顕微鏡で見てみるかもしれません。でもお金の姿は見えません。

火星人はどうやら地球人をとりこにしているお金というものは、見て見えるものだが、見て見えぬものでもあると地球旅行記に書き記すかもしれません。この惑星上で人間だけがお金を使います。お金という社会の仕組みは私たちの脳に染みこんでいるようです。おそらく火星人は地球人の謎を解かなければ、地球人を動かすお金の秘密を知ることができないと考えることでしょう。

もともと、お金は便利な道具としてつくりだされたはずです。それがいつの間にか、人はお金に使われています。いまやお金は主人であるかのように振る舞っています。何かをしようにも、結局最後はお金の話になるのですから。お金がない。予算が足りないと。どうしてそうなってしまったのでしょうか。ちょっと、お金について振り返る必要がありそうです。お金についてあきれかえるほど話しながら、実はお金そのものについてはあまり考えてこなかったのが実状ですから。ビンズヴァンガーもこういっています。

「99％の人々がお金の問題を見ようとしない。科学もこれを見ようとしない。経済理論もそうだし、『存在しないもの』として定義しようとさえする。われわれが貨幣経済を問題としないかぎり、われわれの社会の、いかなるエコロジカルな転換の見通しも存在しはしないのだ」

物々交換の不都合とお金の特権

お金が存在しないとすると、人は自分の余った物と引き換えに自分の必要とする物を物々交換で手に入れるしかありません。しかし物々交換には特有の困難がありま す。「その困難とは、私が必要とする生産物を保有する人々が必ずしも私の生産物を必要としないか、あるいは彼らが提供する商品の量に応じた私の生産物の量を彼らが必要としないか」(ゲゼル)ということにあります。たとえ、お互いが必要とする物をちょうどそれぞれがもっていて、交換の取り決めが成り立っても、相手がほんとうに信用できるかどうか、わかりません。それになによりも、交換者が同じときに、同じ場所にいなければ、こうした取引は不可能です。

お金が登場すると物々交換の困難は解決されます。まず、お金によって、売るということ(販売)と買うということ(購買)が分かれます。これは違う場所、異なったときに、売ったり買ったりできることを意味します。これはまず、人の関係がいわば信用カネ止まりになること、別言すれば金銭上の信用が成り立つことを意味していま す。いつの時代でもそうですが、お金をもって買い物にいって、自分が何者で、信用できる人間であるかどうかを示す必要はありません。千円札をもって買い物をするとき、名前や住所を聞かれることはないわけです。販売者はお金を見ています。お金そのものが信用になっていて、購入者が誰であるかに無関心でいられるわけです。これは一面では、人が取引で匿名でいられる可能性が与えられるわけで、人間が自立的な個人でいられることの基礎となりますが、他面では人の実質的な信用が金銭上の信用に切り縮められることも意味します。そしてなによりも、違った場所、別なときに誰でもが、お金を受け入れることで、お金は物々交換のときに交換者が保有する各種の財と違った、他の財よりも優れた、あるものになります。

もともと、物々交換の不都合を回避しようとしてつくりだされたお金が、単なる交換のための手段から、人の渇望するものに変わる可能性が与えられるのです。お金は誰でもが交換で受け入れるので、交換を利便ならしめるための手段にすぎないのに、あたかもそれ自体が目的であるかのように意識されていくわけです。そうすると、お金をもつ者に権力が生まれます。それはお金の権力でもあります。お金のおかげで自立的でいられるようになりましたが、人は具体的な信用を抽象化したお金に従属するようになります。人はお金を介して、痩《や》せた、細められた関係でつながるようになります。お金があれば何とでもなると、お金万能の風が支配的になります。誰も千円札を頭に乗せると千円分、利口になるとは思わないでしょうが、お金が自己目的になってしまうわけです。

お金の導入は、また取引での費用を大幅に節約することになりました。取引相手が信用できるかどうか調査する必要もありません。お金自体が信用になっているからです。それに、物々交換の煩雑さに伴う取引コストも避けられます。つまりお金は、取引を迅速で匿名性を維持したものにする経済的な潤滑油のようなものとして振る舞うわけです。そして、物々交換とちがって取引を個々の、小規模な取引に分割することを可能にしてくれました。

歴史を見れば、お金の導入が社会に分業の発展をもたらしたことがわかります。その理由は取引の実行が物々交換に比べてはるかに少ない情報で行えるようになったからです。これがまたお金への人の依存を増すわけですが、それは社会全体で見ると、誰かお金をもつ人間に取引を妨害できる可能性を与えることでもあります。交換の仲立ちとしてお金が回っていればいいですが、余裕のある貨幣保有者が出現して、お金を「蓄える」ことができると、そうした人は社会にお金の不足をつくりだせるのです。彼らはお金を貸し付けることで利息をとりはじめます。一度利息をとって貸し付けることができれば、貨幣保有者はさらにお金をかき集めようとします。これは経済の機能を阻害することになります。

お金は値打ちをもっています。しかし、これは正確な言い方ではないでしょう。値打ちがお金という形、つまり容れ物に入っているわけです。この値打ちはビルや家屋やいろいろな形をとることもできます。しかし、人はお金という容れ物に入れておきたがります。それはお金という容れ物の特別な性格のゆえです。お金だけは減価しないからです。値打ちを維持する保蔵手段としては最適だからです。それに貸し付ければプラスの利子がついて値打ちが増えます。それ自体で増価していくわけです。それにお金という容れ物に入れておけば、いざというとき何とでも交換できる流動性があります。

しかしこうしたお金の特権性、あるいは利便性は、誰もがお金を受け入れるから成り立っています。お金をもつことで享受できるこうした利点は、お金をもつ人の何かの能力に依存しているわけではありません。つまり社会がそうしたお金の利便性を保証しているのです。そうすると、お金は公共物だということになります。お金を使うことで利便を得ているなら、受益者はそのための料金を社会に対して支払って当然です。

しかしいまのお金のシステムでは、料金が負担されるどころか、それをかき集め、活用する人に利子という報酬すら支払っています。鉄道を利用する人は切符を買います。高速道路を通る車は料金を払います。しかし、たとえていえば、お金をもつ人は、「無料で通る人のように振る舞い、貸し付ける場合は、道路の真ん中に車を止めて人の通行を妨害し、妨害するのをやめてほしければ、自分に利子という料金を支払えといっているようなものです。「こうしたことが許されるなら、急いでいる者は余分な時間をもつ者に左右されることになるだろう。後者は急いでいる者から道路を妨害することで貢ぎ物をとることができる。ちょうど自分の車で渋滞を引き起こし、報酬が支払われなければ車を動かさないというようにである」（ディーター・ズーア）。

問題はお金の循環の停滞

お金が交換の手段であれば、これは世の中の商品やサービスを運ぶ道路のようなものです。しかし、お金には値打ちを将来に向かって維持する機能があります。それが人をして貨幣を渇望させました。ふつうお金には3つの機能があるといわれていま す。交換手段の機能、価値の保蔵機能、価値の尺度機能です。尺度機能はお金の値打ちを測る物差しのような機能ですから問題ありません。問題はこの、値打ちを維持する機能、価値の保蔵機能です。

お金は交換する力を蓄えておく手段でもあるのです。値打ちをお金の形でもっていれば、支出を先延ばしすることもできます。人は一つのお金をつくったつもりでいますが、実は2つ、創造してしまいました。交換の役に立ち、これを促進し経済の血液の役目をするお金が一つ。もう一つは値打ちを減らさず、価値を保蔵し、場合によっては貸し付けて値打ちを増やすもの。前者は公共の道路のように必要になったら利用し、不要のときは自分の手を離れるものです。後者は貸し付けによって社会が生産したり提供したりする財やサービスに、利子という請求権を与えるような機能です。これらは経済的に見れば両立は不可能です。公的なものでありながら、私的な占有者に私的な料金請求を許すようなものだからです。

まことに、「マルクはマルクとイコールではない。お金はお金と同じではない。貸し付けたマルクは使ったマルク以上の価値がある。貸し付けたお金は使ったお金よりも値打ちが増えるんだ」（ディーター・ズーア『失業の上に構築された経済』）。

ところが、社会はこうした対立するお金の仕組みのなかにあります。世の中には生産されたり、提供されたりするサービスしかありません。これを配分しあうのはそれぞれの財やサービスの提供を通して必要なものが与えられ、受領されていく形しかありません。しかし、お金は財やサービスを提供しないのに、公共物のお金自身の流通を妨げて料金を請求する仕組みを同時にもってしまっているのです。

この対立を解消するには、お金をかき集めて保有すること、つまり道路の真ん中で人の通行の邪魔をすることに料金をかける必要があります。そうすれば、保有したお金を使わずに貸し付ける場合も不当な高い料金、つまり利子を請求することはできなくなります。公共物としてのお金が回ります。これを難しく表現しますと、「保有された貨幣には貨幣の流動性プレミアムの埋め合わせとして持ち越し費用あるいは保蔵コストが発生しなければならない」（ディーター・ズーア）ということになります。

元フランスの首相であったエデュアール・ダラディエも１９３４年のロンドン会議で、すでにこういっています。

「われらが経済システムにおいて、貨幣は人間身体にとっての血液と同様の機能をもっている。生命に必要なあらゆる機能が果たされるために、血液循環が間断なく保証されねばならない。貨幣についても同様である。完全雇用を実現するために貨幣を流通させる必要があるのだ」

そのためにも、お金という公共物が、同時に公共物を妨害することに補償金を支払うようなシステムになっている事態を、公共物の利用に当然な料金を負担させることで解消する必要が出てきます。それが有機体に健康な血液循環を取り戻させるのですから。

それでも人は、お金という、何とでも交換できる無限の流動性を人に貸し与えたのなら、それは自分がいま享受できる利便性を放棄したわけだし、これには利子という報酬が与えられるべきである（節欲への報酬）という考え方にとらえられています。でもそれは、社会を考慮しない私的な考えにとどまっていて、結局、自分をも傷つけるものでしょう。ケインズが椅子取りゲームでその問題点を指摘しているのはよく知られています。

利子は国民が生産したすべてに対する先取りです。音楽に合わせて椅子の周りを人が回りはじめます。突然、音がやむと、皆が椅子に座ろうとします。しかし椅子は一つ足りないのです。足りない椅子は利子で取り去られた分です。一人社会から落伍者《らくごしゃ》が出ます。そして、また音楽が鳴りはじめます。また椅子が一つ足りません。こうしてゲームは続くのです。たとえ、いま自分がうまく座れたにしても、それは誰かが落伍しているからなのです。いつ自分がその目にあうかもしれません。そして貸し付けの利子が複利の場合、長期の貸し付けではそれが多いのですが、取り去られる椅子が音楽が鳴りはじめるたびに多くなっていくのです。多くの人が債務の奴隷になって、人生を抵当にいれてしまっている現実を見ればよくわかることでしょう。

抵当という言葉は英語でモーゲージといわれますが、これはフランス語からきています。mortとgageです。前者は「死」、後者は「賭け」です。つまり死のゲームという意味です。人々は死のゲームをして生きていくことを強いられているのです。

生活や実体経済に打撃を与えるお金

いま、お金は前述の基本的な機能のほかに、さらに多くの役目を負わされるようになっています。

1971年にニクソン大統領が金とドルの交換停止を発表し、翌年から変動相場制に移行しました。それ以来、今日まで、私たちは前例のない経済を生きてきています。多くの人がお金は何かによって担保されているべきだと考えてきましたが、もう世界中のお金が何によっても担保されず、ただ信用だけで成り立っています。それでもお金はお金の役目を果たしています。いま述べたような基本的な3つの機能はもちろん果たされています。

と同時に、お金は契約の清算手段としての機能ももっています。金融取引が活発化し、今日、お金は投機の手段として異形な姿を呈しています。世界中の金融システムが貸し借りをくり返し、莫大な資金が金融システムのなかからひねりだされるようになりました。こうした資金はくり返される通貨危機でもわかるように一国の経済などひとたまりもなく吹き飛ばして、国民生活を危機に陥れます。

いま世界中で動いているお金の95%以上が実際の経済の商品やサービスの取引に対応したものではありません。今日、国際為替市場で一日に取引されるお金の額は1・5兆ドルとも2兆ドルともいわれます。これは一日の額です。一年になおしたら信じられない額です。その95%が実際の経済取引とは対応しない単なる金融上の取引に使われているのです。早い話がカネがカネを生む、そうした投資先を求めた動きや投機に使われているわけです。

こうした国際的なお金の流れが、アジア、ロシア、中南米の金融危機などを見ても明らかなように、何度も問題を起こしてきたことはよく知られています。世界中の人間が、資本市場の自由化という政策が各国で採用されると何が起こるか、何度もくり返し見せられたわけです。

お金の市場（資本市場）がほとんどの国で自由化されました。お金（資本）はより高いリターン（収益、儲け）が得られる経済を探して流れていきます。その経済がうまくいかなくなるリスク（危険）を抱えていても、もっと儲けたいということで動いていくものです。お金はその国のお金（通貨）に変えられたり、その国の銀行に預金される（預金通貨）ことになります。そうするとその国のお金の量（マネーサプライ）が増える、つまりお金が膨張します。お金の量が増えるのですから、お金の出し手が増えるわけで、貸し出し競争がお金を借りるときの費用、つまり利子ですが、それを下げます。つまり、お金をもっていても利子という収益があまり期待できなくなるから、お金持ちはお金以外の資産に変えようとします。そうすると、そうした資産の価格が上がります。それはその国の経済の評判をよくします。そしてその国のお金の値打ちは別の国のお金の値打ちより高くなります（通貨が強くなります）。そうすると、強い通貨をもつ国は同じ量の商品を外国から買う場合もより安く買えることにもなります。

お金が外国から入ってくると、こういういいことが起きます。しかしこれはその国の人が自分たちで手に入れた好調な経済ではありません。外国から入ってきたお金をもっている人（投機筋など）はかなり強欲ですから、その国を豊かにしてやろうというので投資をしてくれているわけではありません。いつでももっと儲かるところがあれば、すぐそこへお金を移します。その国の経済がおかしくなりそうだという噂が流れたり、より利益の上がりそうなところがあるということになれば、外国からのお金はその国からサッサと逃げていきます。

そうなるとその国のお金の量が減ります。減るとどうなるかというと、利子率が上がります。逆のことが起きるのです。利子が上がるとお金を借りて事業をしている人は利息の負担分が増えるわけで、事業がうまくいかなくなる場合も出てきます。新しく人を雇うことができなくなりますし、そこに雇われていた人は失業することにもなります。雇用が減少するわけです。

経済がうまくいかなくなると、その国のお金の値打ちは外国のお金の値打ちと比べて安くなります。ここでも逆のことが起きます。輸入では、同じものを買うにも余計に支払う必要が出てきます。貿易赤字が増えることにもなるわけです。

その国の政府は自分の国のお金の、外国のお金と比べた値打ちを引き上げるために、為替市場で、自分の国のお金を買って値打ちを維持しようとするでしょう。そのためには資金が必要です。しかし経済がうまくいかなくなった国の政府にはそれほどお金があるわけではありません。それで、世界の、米国をはじめとするお金持ちの国々がつくる機関（ＩＭＦ＝国際通貨基金）にお金を貸してくれるように頼まなければならなくなります。ＩＭＦは無条件で貸してくれるわけではありません。その国の経済の運営の仕方にあれこれ注文をつけます。構造調整プログラムといいます。これまで高金利政策を強要するのが常でした。金利が高くてはお金を借りて事業をしようとする人は出ません。ますます経済は悪くなります。そしてＩＭＦはその国が社会保障や保健衛生などのいろいろな社会的な要請に応えて支出していたお金（社会のセーフティーネットへの支出）を減らすようにもいいます。

これは誰もが見てきた現実です。どうしてそんなことになってしまったのでしょうか。

金融システムの手品

そこにはお金とともにお金を扱うシステムの問題があります。お金がつくりだされると、人の実質的な信用は金銭上の信用に変じてしまいます。これは私たちが生きる現実の経済がお金の次元に支配されることでもあります。お金が実質的な世界から遊離することでそれが可能になります。

今日、お金は目の前にあるお札ばかりではありません。わが国の経済を見てみましょう。日本のＧＤＰは１９９８年の第４四半期で４７４・５兆円と95年の同期以来の低水準を示していますが、この金額は国民が生産したモノやサービスの売れた金額でもあります。つまり代金としてのお金が取引を実現しているわけです。そこで、いま、馴染みの日本銀行券、つまりお札ですが、これが市中にいくら出回っているかを考えてみると、50兆円にも足りません。同じお札が何回も使われて取引が実現されたのでしょうか。同じお金が何回使われたかを貨幣の流通速度といいますが、自由貨幣のように減価するお金ではありませんから、10回近くも使われることはありません。しかし４７４兆円分の取引は存在したわけです。どこかでお金がつくられているのです。

実は足りない分のお金は金融機関が信用創造という形でつくりだしていたのです。たかだか50兆円くらいのお札以外に、莫大なお金が信用貨幣という形で、金融システムのなかで、お金の貸し借りを通してつくりだされているのです。

こうしたマネーは貸し借りによってつくりだされます。ということは、これには当然プラスの利子がつきます。千円札は明日までもっていても１０００円です。そうした意味でゼロ利子です。しかし１０００円の債務は時間がたてばプラスの利子を支払わなくてはなりません。金融システムは水道の蛇口を開けたり閉めたりするようにしてお金を供給しますが、蛇口の緩め具合を決めるのは利子率です。

利子率がどれくらいの高さになるかを決めているのには2つの要因があります。一つはお金の流動性のプレミアムといわれるものです。お金は何とでも交換できる高度な社会性をもっています。誰もがお金を欲しがるのは、ゲゼルはそれを貨幣欲求といいましたが、その流動性のゆえです。歴史的にどの時代でも貨幣利子率は４から５％

でした。これは、この流動性の放棄に対して人々が報酬を与えてきたからです。もししかし、利子率はこれだけではありません。1階があれば2階もあるのです。1階部分だけでしたら、なぜ商工ローンは年利40％などという利率を要求しているのか理解できません。実は2階部分があり、お金が希少であることの代価として支払われるのです。

市場へモノやサービスが供給されます。常識的にはこれらが全部売れるためには、これらと交換に支払われるお金が必要です。ですからモノやサービスに対応したお金への需要が起こります。その需要に見合ったお金の供給が常に保証されているでしょうか。お金を欲しがっている者とお金を都合してもいいという者の間には不平等が存在するのです。お金をもつ者はお金が、いまのお金のシステムでは減価しないことを知っています。ですからお金の蛇口を締めたり緩めたりする力があります。社会が必要としているお金の量がいつも蛇口から出てくるとは限りません。蛇口から出る水の流れが細いほど、お金の価格は上がります。つまり利息が上がるわけです。

つまり、利息の高い、低いがあるということは、私たちが、いつもお金が不足している状態におかれているということです。これを希少性といいあらわせば、利子はそのゆえに、希少性の代価として存在しているわけです。流動性のプレミアムに希少性の代価分をプラスしたもの、それが利子です。人は利子というコストのかかるお金、つまり信用貨幣を常に必要とさせられているわけです。このことは金融システムという不思議なメカニズムに人の注意を向かわせるでしょう。

この信用貨幣というのは、いわば数字のお金です。その生まれるところを見てみれば、問題の基本がわかります。

数字のお金にも、そのほかのお金と同じように始まりがあります。なぜなら数字のお金は銀行の口座にあるわけですから。いわば銀行の口座が生まれるときに生まれるわけです。このことで、どこかでお金が減るということはありません。別の銀行口座からお金が減ることも、誰かのポケットからお金がなくなることもありません。

銀行口座がつくられたり、増やされたりするには、2つの仕方があります。貯蓄と借り入れです。その他の補助的な方法もありますが、それは借り入れに分類できます。

貯蓄口座は貨幣の移転です。人がポケットにもっているお金が銀行に行くわけです。その分だけ口座は増えます。ポケットにはもうお金はありません。そうして人は、自分が使える数字のお金をもったわけです。もちろんもう一度ポケットにお金を戻すこともできます。しかし、おろした分だけ数字のお金は減ります。単なる移転ということですから。お金がどこから生まれるかという点では、貯蓄口座は単なる移転ですので、それに関係はありません。

借入口座は銀行が借り手に貸し付けた口座です。

例えば事業家がいます。新しい工場を建てたいが、資金がありません。事業家は銀行に出向きます。借用証書を差し出して100万円借りるとします。銀行は事業家に借用証書に署名させ、利息付きで返済する約束をさせます。そうして事業家は100万円借りるわけです。

そのとき、紙幣で100万円事業家のところにいくのでしょうか。事業家はそうはしたくないはずです。なぜなら、あまりにも危険だからです。それに事業家は、いろいろな場所で物を購入します。遠くで生産された物も購入します。その際、小切手を使います。事業家が望み、その事業にとって最も都合がいいのは100万円の銀行口座というわけです。

したがって銀行は100万円の銀行口座を設定することになります。事業家の口座に100万円を入れるわけです。事業家がそれを銀行にもっていったかのように、そうするのです。しかし事業家はその金額をもっていったわけではありません。事業家はお金を借りに行ったはずです。要するに銀行口座とは何なのでしょうか。事業家がつくったわけでもありません。それは、銀行が事業家のためにつくりだした借入口座であるわけです。

ここでお金は金融システムがつくりだしていることがわかります。英国の中央銀行バンク・オブ・イングランドの総裁であったサー・ジョシア・スタンプはこういっています。

「銀行業は不正といわれ、罪を負って生まれた。この世は銀行家のものだ。彼らから所有するものを取り去っても、彼らに信用を創造する力を残しておけば、ペンを軽く動かすだけで、彼らはこれを買い戻すに十分な貨幣を創りだしてしまうだろう。彼らからこうした力を取り去れば、どのような高貴な財宝も消え失せ、彼らも消え去っていくはずである。そうすればこの世界は住むべき世界としてもっと幸せで、よりよいものであるであろう。だが、あなたが銀行家の奴隷であることを望み、あなた自身が奴隷制度のコストを負担しようとするなら、銀行家に貨幣と信用をコントロールさせなさい」

今日、国境のなくなった金融市場では、お金自体が取引の対象とされたり、銀行間で再預金しあう形でつくりだされた莫大な金額が投機に投じられています。それは人の生活や経済、地球環境自体にまで影響を与えています。累積債務に苦しむ途上国と自然は、犠牲を強いられつづけています。

お金とお金を扱うシステムをその本来の姿に戻さなければならないでしょう。そのためには、お金を、崇拝する対象から、人と自然のあり方に密着した、そうした意味で信頼されるものに戻す必要があるのでしょう。「貨幣と神は幾分、相似ている。両者ともわれわれがそれを信頼するがゆえに、ただそのゆえにのみ存在する」ともいわれるからです。これほどの問題を起こす、いまのお金は実は信頼できないのかもしれないのです。

プラス利子のお金の仕組みがすべてではない

いま、改めて豊かさとは何かを問うてみましょう。豊かさとは必要な物が必要なときに、必要な場所で手に入るということではないでしょうか。通帳の数字が豊かさの証でしょうか。人を信じず、お金だけ貯め込んだ老人は、そのことのゆえにお金をねらわれ殺害されるケースもあります。また、その通帳にある数字のゆえに子どもたちの間に諍《いさか》いや不和をもたらし、人間的な介護すら受けられないこともあります。まことに、カネを墓場にもっていくわけにはいきません。

おそらく人が信じられない程度に応じて、また将来に不安を感じる程度に応じて、通常の国民通貨が必要でしょう。しかし、人は100%不信のなかで人生を送るわけではありませんし、信頼し、人と信頼しあう関わりをつくることで将来への確かな希望をもつこともできます。もし、50%、人を信じているのならば、その分に見合った連帯の関係をつくるべきではないでしょうか。そうした人と人が手を結びあう関係には、通常のお金は似合いません。それは競争を強い、勝ち負けをはっきりさせ、そして、もっている者には有利で、ない者には不利なものです。誰かの幸福が誰かの不幸であるようなお金のシステムでは、よい関係は無理でしょう。競争ではなくお互いが高めあうような競いあい、連帯のなかの支えあい、そうした関係をつくるための通貨が必要でしょう。そのためには地域通貨が最適です。この関係をウイン・ウイン・ワールドという人もいます。つまり、みなが勝って負ける人がいない世界というわけです。

地域通貨は住民自らがそのイニシアティブで始められます。自分たちでお金をつくります。金融機関が握っていた貨幣供給の人為的コントロールという、貨幣をもつ者の権力の支配を受けません。ですから、ゼロ利子やマイナス利子も実現できます。つまり地域通貨のなかでは、取引に必要なときにお金は生まれ、交換リングのような多角間の清算システムの場合はプラスポイント、マイナスポイントが清算されるときにお金は死にます。お金はもはやプラスの利子があるシステムにおけるような生産活動に対する支配権を失い、交換の役に立つだけのものとなります。

こうした地域通貨の原理を国レベル、国際的なレベルでも実行することが可能です。しかし、それに至る道筋に私たちが立てるのは、地域で、分権的に、そして自主的に、自分たちのイニシアティブでいまの本位貨幣とは違った貨幣による関係をつくりあげていくことによってでしょう。

かつて共産主義は私たちにパラダイスを約束しました。そしてその理想に至るには政治権力を掌握して専制的な独裁が必要と説きました。すべてが政治権力のために捧げられるべきだとしたのです。しかし地域通貨はそういう発想とは無縁です。地域通貨は万能の解決策ではないかもしれません。ただ地域通貨が力をつけるほどに、その程度に応じて現行の貨幣のシステムのなかでの問題が確実に解決されていくのではないかと考えられます。

国際通貨制度の改革に関して、1943年に、ケインズはマイナス利子率の国際通貨、バンコールのシステムを提案しました。いわゆる「ケインズ・プラン」ですが、そこでは国際清算同盟の黒字諸国は国際通貨として考えられた「バンコール」建て残高にマイナスの利子率が課され、そのことで対外交易を加速させながら国際収支の均衡維持をはかることが考えられました。この案は無念なことに米国のホワイト案に敗れてしまいました。そうして、私たちは、現在のような異形な姿を示す国際金融秩序のなかにいるわけです。

しかしそこに見られるのは、プラスの利子のシステムによって現在のような国際間の不均衡が生みだされる世界経済は持続するものではなく、マイナスの利子システムが経済の均衡維持と持続的に存続しうる経済を導くという発想です。こうした観念はゲゼルの思想とつながっていますし、地域のレベルで、国のレベルで、そして国際的レベルで、お金のシステムには改革が必要だと考え、いま、ふたたび実践されはじめた地域通貨の理念と共通するものです。

利子は利付き貸借のなかで確定されたものです。これは資本コストとして必ず生産コストのなかに入り込んでいます。資本家はこうしたコストを覚悟で貨幣を借り入れ、投資します。事業が行われ生産物が販売されます。事業がうまくいくときもありますが、そうでないときもあります。後者の場合は利潤は出てきません。つまり利潤は常にリスクに関連しています。しかし、利子は産出高に何らの関連ももたないプレミアムです。利潤は市場向けの供給を目的とする企業運営のリスクと企業活動の産出高に関連したプレミアムです。ここには大きな違いがあります。利子の場合は、私たちがモノやサービスを購入するとき、必ず利子を負担させられているからです。これは利子のもつ再配分効果でもありますが、人は利子を負担させられるのはお金を借りたときだけだと誤解しがちです。実はモノの価格には、ほぼその25％、利子が含まれているといわれています。すごい数字ですが、そうした数字になるのは、資金を借り入れる際のコストは消費者が購入する最終生産物ばかりでなく、それに至るあらゆる中間生産物の価格に入り込んでいるからです。これに企業が生産活動をする際に負担する土地やビルなどの賃料が加わると、なんと価格の33％を占めるそうです。こうした請求額は純粋に、それを所有しているという事実だけから発生する請求権で、勤労や事業活動に対する明らかな負荷です。

しかし、地域通貨は社会の所有制度のあり方や私的な企業家体制がよいとか悪いとかの判断を下すものではありません。プラスの、社会に負荷をかける利子システムに立つ通貨制度ではないお金の仕組みをつくろうとしているだけです。地域通貨の取り組みは、既成の貨幣システムの諸問題の自覚につながりますし、価値観の変化を生みだすはずです。それを通して、私たちの視界にはこれまでと違った姿で社会の課題が立ちあらわれることでしょう。

それは歴史の再発見にもつながります。人類は常にプラスの利子のつく貨幣システムで生きてきたわけではありません。例えば、いまエジプトは発展途上の国家です。ナイル河流域は砂漠です。ところが古代世界でエジプトは世界の最先進国であったわけです。ナイル河流域は広大な穀倉地帯でした。それが、なぜ今日のような状況にあるのでしょうか。実は、それを解く鍵がお金のシステムなのです。古代エジプトでは数千年にわたって、私たちがいま使っているようなお金のシステムとは別のシステムをもっていたのです。

それは減価するお金のシステムです。当時、農民は穀物を収穫すると、それを穀物備蓄倉庫にもっていきました。そこで保管してもらうのです。その代わりに、納入した穀物量と引き渡し日が焼き込まれた陶片を受け取ります。この陶片は穀物の受領を証明するものですが、同時にお金としても使われました。

これは倉庫に収められた穀物によって担保されるお金だったのです。当然、穀物はネズミなどによる食害や保管費用がかかります。したがって、その担保物の減価率をそのお金も反映しなければなりませんでした。ですからマイナスの利子のお金であったわけです。そうすると農業者は、このお金を貯めておいても損ですから、別なモノの形で、自分の豊かさを維持しようとします。当時の農民は、そこで自分の豊かさを灌漑施設の整備や土地の改良にそそぎ込んだのです。豊かさをお金の形でもたず、自分たちに長期的な利益をもたらすものに投資したのです。したがって、ナイル河流域は豊かな穀倉地帯となったのです。

これはローマ人がエジプトを支配し、自分たちのお金の仕組み、それはプラスの利子の付くお金のシステムですが、それを強制するまで続いたといいます。しかしそのシステムが終焉したとき、エジプトの繁栄も終わったのです。

同様の例は、西欧中世にもあります。１１５０年から１３５０年にかけて「ビジネスの黄金時代」と呼ばれる時代が欧州には存在しました。この時期、いまでも多くの人が欧州に観光旅行に行ったときなどに見物するカテドラルが次々と建設されました。今日の観光客の役回りを演じていたのは当時では巡礼者でした。各地方は競ってカテドラルを建設し、巡礼者を惹《ひ》きつけようとしました。ですからこの時代は、精神的にばかりでなく経済的にも繁栄を謳歌《おうか》した時代であったのです。なぜ、そのようなことになったのでしょう。これもまた、お金のシステムに原因があったのです。ここでも、減価するお金の仕組みがあったのです。「ブレクテアーテ」と呼ばれる貨幣改鋳のシステムです。

当時、金や銀がお金として使われていたのは遠隔地の貿易においてでした。領主たちが支配する各地域では、領主がお金を発行していました。薄い銀の板に刻印をした貨幣が使われ、領主はこれを6ヵ月とか8ヵ月とか、一定の期間がたつと回収しました。そして2～3%、減価させて再発行しました。この仕組みは、富をお金の形でもつのでなく、永久に価値が維持されるであろうと思えるものに投資させることになりました。地域の人々は連帯して、信仰の対象でありながら、経済的な意味でも将来の投資としてカテドラルを建設していったわけです。

ここに見られるのは、もしお金がマイナス利子のシステムのもとにおかれるならば、社会が実現した富はなるだけ長期的に価値が維持されるようなものに投資されるということです。これと対照的に、プラスの利子の場合には、より短期の利益をあげるものへの投資が優勢になります。よい例は日本の林業です。なぜ日本の森は死に、そしてそれが海の砂漠化といわれる磯焼けを引き起こすまでになっているのでしょうか。それはいまのお金のシステムだと、林業が割に合わないからです。木を切って売り払ったお金で別の短期的な利益をあげるものに投資したほうが有利だからです。

しかし、オーストリアのヴェルグルで減価する労働証明書が貨幣として使われたとき、町民は自分が手に入れた富を家の修繕に使い、その次には、積極的に木を植えはじめたといいます。マイナス利子のシステムは、環境にもよい長期的な投資へと、投資誘因の変更をもたらすのです。人は経済活動を行い、豊かさを手に入れます。それをお金の形で貯蓄し、それが金融システムを通して投資に回っていきます。しかしそのあり方が、そもそも貯蓄する人間に役立つ形で成立しているかは疑問です。社会の〈貯蓄—投資〉の流れが、お金のシステムが変われば変わっていくのです。

エジプトや欧州に旅行し、古代の遺跡や中世のカテドラルを見物したことのある人は多いことでしょう。数千年、数百年後の人間が見るに値するものがそこには残っています。いま、私たちは1000年後の人間の見るに耐えるものをつくりだしているでしょうか。20年たったら壊れるような住宅やビル、10年もつかどうかの自動車、すべては私たちの、利子の存在ゆえに短期的な利益をあげていかねばならない仕組みのなかで成立しています。息の長い価値あるものはつくられず、他方で、浪費の果てにゴミの山が吐き出されています。3000年後の考古学者は現代の都市のあった場所を発掘して何を見つけるというのでしょうか。

私たちがお金のシステムにもう一つのオプションをもつこと、それは私たちのイニシアティブで始めることができます。人は理想的な状態に至るまでの沿道の細部までをすべて知っていなければ何もできないわけではありません。お金の常識を疑ってみるところから始めて、地域通貨をつくりあげていく取り組みが進められれば、私たちの経済や社会、自然についての新しい価値観が生まれ出てくるはずです。

エピローグ　日本でも「お金」を問い直す気運高まる

河邑厚徳

幻に終わった東京会議

エンデは、地球規模で環境意識を変革するきっかけとなったローマ会議をモデルに、根源からお金を考える「東京会議」を多くの日本人に提案していました。なぜ、日本だったのでしょう。当時世界一の経済大国であり、産業革命から資本主義を発達させてきた欧米とは異なった独自の歴史と文化をもつ日本への期待感でした。日本がリーダーシップをとって、幅広い分野から現在の金融システムへの疑問をもつ有志を集め、知恵を出しあえば創造的知が生まれると考えたのです。エンデ自身は経済の専門家ではないことを自覚しており、集まった企業家、政治家、経済学者、ジャーナリスト、市民などにお金への問題提起を準備していたのです。

しかし、残念ながら日本からは、そのような真摯《しんし》な動きは生まれませんでした。逆にエンデの危惧《きぐ》した第三次世界大戦（次世代が生きられないような状況）が進行しています。2000年度末見込みの国債発行残高は364兆円、国と地方をあわせた長期債務残高は647兆円で、主要先進国のなかでも最悪の水準です。この数字はGDP（国内総生産）をはるかに上回る額です。少子高齢化のなかで年金制度も破綻《はたん》に瀕《ひん》しています。あらゆるツケが次世代に持ち越されようとしています。世代間の公平性は基本的なモラルではないでしょうか。この国には、危機にあっても目先の対応に終始し、根源にさかのぼる議論があまりに少ないと感じられます。

取材が進むなかで、もし東京会議が実現していたらこの人物はキーパーソンになると思われる経済学者に出会いました。米国カリフォルニア大学バークレー校の「持続可能な資源開発センター」のベルナルド・リエターです。リエターの経歴はきわめて興味深いものでした。かつてはヘッジファンドを運用する投機家として第一線で活躍し、多国籍企業のマネージメント・コンサルタントをつとめるかたわら、ベルギー中央銀行の電子取引システム総裁として新しい通貨ユーロの企画運営にも携わりました。資本主義の真っ只中にいて、多岐にわたる活動を続けていましたが、当初は金融システムに根本的問題があるとは考えてもいませんでした。しかし、リエターの表現によれば、水のなかの魚は水に関しては何も疑わないが、水から出てみると、その水（マネー）は実に不思議な存在であることに気づいた、といいます。

リエターは補完貨幣を研究し、現在は地域通貨の地球版ともいうべき「テラ通貨」

の制定を提唱しています。この発想にはゲゼルの自由貨幣の理論が生かされています。

チロル山荘での小さな会議

私たちがリエターに出会ったのはオーストリアのチロルの山荘で開かれた小さな会議でした。1999年の3月、学者や市民活動家、企業経営者たちが自発的に集まり、3日間のオープンスペース会議を開きました。議題や進行は事前に決めずに、メンバーが提案して自由に討議するものです。バックにスポンサーもメディアも存在せ

オーストリア・チロル地方のアルプバッハ（写真上）で開かれた国際的なマネー会議では、お金にまつわる議題（写真下）がさまざまに掲示され、熱心に話し合われた。

ず、自費で必要経費をまかなう、ささやかな会議でした。参加者の問題意識は多様ですが、貧富の解消や環境問題、社会的不公正などを金融システムを見直すことで変えられるという切り口で考えようというものでした。政治問題としてではなく、経済的側面から社会の変革をうながすという新しい潮流を感じました。イデオロギーの限界を経験した冷戦後のヨーロッパ市民らしい問題意識のあり方のように思います。主催者で企業の経営者であるペーター・ケーニヒはシステムよりも心理的側面に関心があると語っていましたが、制度を変えるだけでは不十分で、人の意識が変わらなければならないという主張は、エンデの考えでもありました。

出入り自由のホールに、丸く椅子を並べ、各人のもつテーマを白板に貼って討議が続けられていました。このなかには、ゲゼル理論を実践したヴェルグルへ見学に行こうというものもありました。さまざまな立場の人が集まった小さな会議ですが、問題を共有し解決を模索しようとする友情のようなものを感じました。そこで、リエターは21世紀の新しいツールとして、共同体を育むための通貨（コミュニティ・カレンシー）を提案しました。

リエターは、通貨は異なった複数の機能をもったために、機能同士が衝突して、さまざまな問題を起こしていると説明します。通貨を本来とは違う目的に使うのは、ネジ回しで絵を描くようなものだと例えました。ネジ回しは便利ですが、絵を描く道具ではありません。別々の活動にはそれにふさわしい道具が必要です。人は目的に合わせて洗練された多様な道具を使いこなすのに、お金はただ一つだけ、まるで石器時代だといいます。しかし、それを誰も問題にせず、自明のことにしています。リエターの説明では、現在の通貨がもつ機能は以下の通りです。

①交換の媒体
②価値の尺度
③価値の保存
④投機的利益の道具
⑤支配の道具

とくにリエターが指摘するのは④以下の機能のいびつさです。現在、世界で動く外国為替の98％が投機の動機で、財とサービスの取引は2％という事実があると説明しました。実体経済が投機目的のバーチャルな動きに呑み込まれています。リエターは、このような金融システムの、よってきたるところを解いてみようと話しはじめました。

「1971年、ニクソン大統領がドルを金本位制から切り離したときから、私たちは歴史的に前例のない新しい実験に入っています。現実的な経済に対して何の固定具もないままに相互が関係しているという貨幣のあり方です。第二のステップは規制にあります。イギリスのサッチャー首相によってもたらされた金融規制緩和政策は、レーガン大統領も支持し世界を駆けめぐりました。それはマネーゲームを拡大していったのです。そしてパズルのピースの3番目はグローバルな貨幣市場の情報化、コンピュータリゼーションでした。これは技術的に貨幣をより早く運用することにつながりました。これらが一体となって現在の金融システムの問題をつくりだしたのです。そして思うに、今後私たちは公的金融システムの混乱に直面するでしょう。その破局は、もしかしたら1930年代の世界恐慌よりひどいかもしれません。30年代は欧米に限定されたもので、その他の地域での影響はそれほど大きくなかったからです。私たちは世界規模のシステムをつくりあげてしまい、それが問題なのです」

お金は新しい関係をつくりだす道具である

参加者のなかには先進国サミットや中央政府が問題を解決してくれるだろうと考える楽観論者はいません。資本主義の暴走を解決する具体案として、世界各地で復活しはじめた地域通貨に注目していました。同時に、会議では「お金とは何か」という根元的なテーマも話し合われました。エンデがイメージした「東京会議」はこのような自由討論だったのだろうとの感慨を覚えました。リエターが問題提起をしました。

「異なった通貨システムが、異なったタイプの関係をつくりあげると考えられないだろうか」

「現在の私たちがもつ通貨システムは、富を求め投機の利潤に向かう競争の原理に支配されていると思う」

「通貨が人々の間に競争を生みだしている根本原因とは考えられないな……。人々の欲望が正当化されていることは認めるけど」

「経済の教科書にあるように、企業や国は市場や資源を求めて競争しているのではないと思うね。彼らは市場と資源を利用して、そこから得られるお金を求めて競争しているんじゃないかな」

「そして競争で勝つのは、いつでも巨大なものでしょう」

「最近のアメリカでも貧富の格差は拡大しているというじゃないか」

「何もかも市場に任せれば、秩序が生まれるなんて色あせた神話だね」

「通貨が変われば、何かが変わるのかしら」

「私たちが話してきた地域通貨は、競争ではなく協力を生みだすためにデザインされるものだと思う」

「一つの地域や共同体が自立的に存在できるためには、新しい通貨が必要になると言い換えてもいいだろうね」

「お金は人がつくった歴史的な産物にすぎないね」

リエターは最後にこうも発言しています。

「もし私とあなたが協力関係になりたかったら、実際その協力関係を築くような通貨をつくるだろうね。絵を描くのは絵筆、機械を直すのはネジ回しといった目的にあった道具があるはずだ。経済の未来はこうした関係性の一つとなると思う。関係性の選択が私たちの利用すべき通貨のタイプを決定する時代がもう近いし、もう始まっているね」

エンデがくり返し語っていた「自明のことを自明にしない」話し合いでした。それぞれの発言がエンデのラストインタビューと重なり、変革が始まっていることを感じました。現在の一元的な金融システムを、複数の多元的通貨システムを導入することで補完しようという考え方がこの会議の一つの潮流でした。

その後リエターは、新たなプロジェクトを提案しています。持続可能な経済を促進する目的でカウンタートレード（国際バーター）をサポートするテラ通貨の創設です。現在、一日2兆米ドルが外国為替で取引されていますが、そのほとんどが実体経済とは無縁のものです。企業はこのために現在でも、決済を通常の通貨で行わず物々交換で無用なリスクを回避しようとする動きが急増しています。その総量は1997年には年間6500億ドルにのぼり、2000年には1兆ドルになると予測されています。しかし、このような取引には基準となる「標準単位」がないために取引のたびに個別契約を交わしたり運営のコストがかさみます。そこで新たな国際単位をつくり、それを保証するバスケットを構成します。かつては通貨の価値を金が担保したように、新たな取引単位をバスケットの中身、原油を含んだ主要原材料が保証するというシステムです。この提案の特徴はバスケットの保管料が課せられる点です。つまりここに老化するお金の思想が生かされています。この持ち越し費用を含んだ通貨単位は、経済的利害と環境保全などの長期的な課題を両立させられるというものです。また、世界で広がりはじめた地域通貨や交換リングの試みのエッセンスが生かされていると説明されています。

テラ通貨の実現のために財団を設立したリエターは、ヨーロッパを振り出しにこの日本にも立ち寄り、企業や財団、銀行などの金融関係者と懇談し、このテラ通貨への理解と協力を求めました。日経金融新聞をはじめ多くのメディアもこの試みを取り上げ、お金をめぐる新たな試みが日本でも注目され始めました。

リエターは2000年に『マネー崩壊――新しいコミュニティ通貨の誕生』(日本経済評論社)を、2001年には『マネー――なぜ人はおカネに魅入られるのか』(ダイヤモンド社)をそれぞれ日本で出版し、日本の読者もその考えを読むことができるようになりました。いずれも、国家マネーとは異なる別の通貨の可能性について考察しています。

おわりに

お金を手にとり、そこに何が書かれているのか見た経験はありますか？

この取材を始めてから、ふだん意識せず使っている紙幣を初めてながめてみました。その理由は、世界大恐慌後に発行されたヴェルグルの紙幣（労働証明書）には宣言が真っ直ぐに書かれていることに気づいたからです。そこに時代の理念が表現されていました。

「諸君！　貯め込まれて循環しない貨幣は、世界を大きな危機に、そして人類を貧困に陥れた。……労働の交換を高めて、そこから疎外された人々をもう一度呼び戻さなければならない。……困窮を癒し、労働とパンを与えよ」

本文で紹介しているアメリカの地域通貨イサカアワーにはこう書かれています。

「イサカアワーは私たちの技能、体力、道具、森林、野原、そして川などの本来の資本によって支えられています」

新しい通貨ユーロはデザインが象徴的です。ヨーロッパ連合自体の基本思想は、ヨーロッパのなかで対立や戦争をなくし、平和を達成するというものです。紙幣のデザインは国と国をつなぐさまざまなアーチです。実際の橋ではなく、古典やロマネスク、ゴシックという欧州が共有する伝統文化を表した橋です。ユーロにも理想が表現されていました。お金はそういったメディアなのです。

肝心の国際通貨ドルには「IN GOD WE TRUST（神の御名において信じる）」という文字だけが印刷されていました。金とドルの交換停止いわゆるニクソンショック以来、お金の価値が、実体のない景気や次々とつくられる市場創出によって揺れ動くマネーゲームが続いています。実体経済とは無縁な膨大な投機マネーが瞬時に世界を駆けめぐっています。

一方で「虚のお金」ではなく、自然や人の営みや、他人を思いやる心などを支える「実のお金」を切実に希求する人も増えています。「成長を前提にし、成長を強制する性格をもつ現行の金融システムが、この競争社会を生みだしている根本原因だ」というエンデの言葉について、改めて考えさせられます。世界はそれと気づかないまま、灰色の男たち（『モモ』）に支配されているのです。

しかし、現在の金融システムが唯一絶対のものではありません。別のお金への模索も始まっています。自分のコミュニティを育てあげ、サステイナブル（持続可能）な社会を維持するための水＝お金と考える思想が練りあげられているのです。交換リング、地域通貨、ソーシャルバンクなど、試みのありようは多様です。地域も欧米、オセアニア、アジアなど地球規模に広がっています。エンデは「現代の金融システムはたかだか数百年で人がつくったシステムだから、その限界や不合理に気づけば変えることもできる」と希望を語っています。

ところで、日本の紙幣にどんな言葉が印刷されているか知っていますか。そこに何の言葉も書かれていないのなら、ヴィジョンを書き込むのはあなたです。

この本は、ミヒャエル・エンデが日本人への遺言として残した一本のテープ（1994年）をもとに、NHKエンタープライズ21とプロダクション「グループ現代」が制作した「エンデの遺言――根源からお金を問う」（1999年5月4日放送）から生まれました。小泉修吉プロデューサー、村山純子ディレクターとは、子安美知子・子安フミさんが、シュタイナー学校を訪ね、シュタイナー思想の多様な実践を取材した「素晴らしき地球の旅　自由の種をまく」（96年放送）以来の気心の知れた良き仕事仲間です。実は「エンデの遺言」は、番組化するきっかけがつかめないまま、長い間抱きかかえていた課題でした。エンデの投げかけたテーマはずっしりと重く根源的です。メッセージを読んだ多くの人は、重要な課題だが、テレビで表現するのは困難だという感想を述べました。しかし、エンデに託されたメッセージを多くの人たちに伝える義務と責任を感じていました。そんなときに、小泉さんがいっしょにやりませんかと、背中を押してくれたのです。

「グループ現代」は、この本をいっしょに書いた村山、鎌仲、芹田という優秀なスタッフを揃えてくれました。経済の専門家が不在という状況で始めた取材でしたが、途中からゲゼル研究会の森野榮一さんも参加してくれました。企画段階では先が見えなかった番組ですが、NHK衛星放送局の岡崎泰さんをはじめ、多くの人たちが「エンデの遺言」を世に出そうと協力してくれました。こうしてラストインタビューから5年、新しい経済や金融に向けた地球規模の胎動と共鳴しながら番組が完成し、国際版もつくられました。

最後となりましたが、出版にあたっては日本放送出版協会の小川真理生さんに企画の最初から最後まで産婆役として立ち会っていただき感謝しています。

2000年2月

NHK教養番組部エグゼクティブ・プロデューサー　河邑厚徳

◎第２章～第５章 執筆者略歴

森野 榮一（もりの・えいいち）
1949年、神奈川県生まれ。國學院大學大学院経済学研究科博士課程を修了後、経済評論家に。ゲゼル研究会代表。日本東アジア実学研究会会員。「エンデの遺言――根源からお金を問う」の番組制作にも参加。その後、町づくりのアドバイスや地域通貨の普及活動に努めている。著書には『だれでもわかる地域通貨入門　未来をひらく希望のお金』『なるほど地域通貨ナビ』（共編著含む／以上、北斗出版）などがある。

村山 純子（むらやま・じゅんこ）
1958年、兵庫県に生まれる。東京芸術大学美術学部卒業。映像ディレクター。「森じいさんの贈りもの」（1993年度第２回EARTH VISION環境教育映像賞）、「素晴らしき地球の旅　自由の種をまく――子安美知子・フミ シュタイナーとの25年」（NHK衛星第２、1996年）、「子安美知子さんとたどるシュタイナーの世界」（ビデオシリーズ全５巻、1996年）、「未来への航海　42人の環境教室（3）――ゴミが問う“豊かさ”のゆくえ　豊島」（NHK教育、2003年）などを手がける。

鎌仲 ひとみ（かまなか・ひとみ）
1958年、富山県に生まれる。早稲田大学第二文学部卒業。映像作家。1990年、文化庁芸術家海外派遣によりカナダ国立映画製作所へ。その後ニューヨークでメディア・アクティビスト活動。95年に帰国以来、フリーの映像作家としてテレビ、映画の監督を務める。2003年、ドキュメンタリー映画「ヒバクシャ――世界の終わりに」を監督。2006年「六ヶ所村ラプソディー」は国内外650ヵ所で上映。2011年２月「ミツバチの羽音と地球の回転」公開。

◎M・エンデをはじめ取材インタビューの翻訳者
田村都志夫、堀内美江、鈴木一博、鎌仲ひとみ、芹田洋

本書は2000年、NHK出版より刊行されたものを一部修正したものです。
なお、為替レート等は原則的に単行本刊行時の数値を使用しております。

河邑厚徳―1948年生まれ。映像ジャーナリスト。女子美術大学教授。71年、東京大学法学部卒業後、NHK入局。主に文化教養番組で芸術、歴史、宗教関係のドキュメンタリー担当。「私の太平洋戦争 昭和万葉集」「がん宣告」、NHK特集「シルクロード」、NHKスペシャル「アインシュタインロマン」「チベット死者の書」など数々のドキュメンタリー番組を手がけ、内外の受賞多数。映画『しかし それだけではない。～加藤周一 幽霊と語る～』『天のしずく ～辰巳芳子 いのちのスープ～』などの脚本監督、プロデューサーを務める。
著書には『藝大生の自画像――四八〇〇点の卒業制作』『チベット死者の書――仏典に秘められた死と転生』『エンデの警鐘――地域通貨の希望と銀行の未来』(以上共著含む、NHK出版) などがある。

講談社+α文庫 エンデの遺言《ゆいごん》
――根源からお金を問うこと

河邑厚徳《かわむらあつのり》+グループ現代《げんだい》

2011年3月20日第1刷発行
2025年4月2日第12刷発行

発行者―――篠木和久
発行所―――株式会社 講談社
東京都文京区音羽2-12-21 〒112-8001
電話 編集(03)5395-3522
販売(03)5395-5817
業務(03)5395-3615

カバー写真―――AFLO
デザイン―――鈴木成一デザイン室
本文データ制作―――講談社デジタル製作
カバー印刷―――TOPPAN株式会社
印刷―――株式会社KPSプロダクツ
製本―――株式会社国宝社

KODANSHA

落丁本・乱丁本は購入書店名を明記のうえ、小社業務あてにお送りください。
送料は小社負担にてお取り替えします。
なお、この本の内容についてのお問い合わせは
第一事業本部企画部「+α文庫」あてにお願いいたします。
Printed in Japan ISBN978-4-06-281419-5
定価はカバーに表示してあります。

講談社+α文庫 Ⓖビジネス・ノンフィクション

マウンドに散った天才投手　松永多佳倫
野球界に閃光のごとき強烈な足跡を残した伊藤智仁ら7人の男たちの壮絶な戦いのドラマ　850円 G 306-1

ハードワーク 勝つためのマインド・セッティング　エディー・ジョーンズ
ラグビー元日本代表ヘッドコーチによる「成功するための心構え」が必ず身につく一冊　680円 G 307-1

*殴られて野球はうまくなる!?　元永知宏
いまでも野球と暴力の関係は続いている。暴力なしにチームが強くなる方法はないのか?　720円 G 308-1

実録 頭取交替　浜崎裕治
権謀術数渦巻く地方銀行を舞台に繰り広げられる熾烈な権力抗争。まさにバンカー最前線!　800円 G 309-1

佐治敬三と開高健 最強のふたり〈上〉　北康利
サントリーがまだ寿屋と呼ばれていた時代、貧乏文学青年と、野心をたぎらせる社長が出会った　790円 G 310-1

佐治敬三と開高健 最強のふたり〈下〉　北康利
「無謀」と言われたビール戦争に挑む社長と、ベトナム戦争の渦中に身を投じた芥川賞作家　790円 G 310-2

「宇宙戦艦ヤマト」をつくった男 西崎義展の狂気　牧村康正 山田哲久
豪放磊落で傲岸不遜、すべてが規格外だった西崎の「正と負」を描く本格ノンフィクション　920円 G 311-1

安部公房とわたし　山口果林
ノーベル賞候補の文学者と女優の愛はなぜ秘められなければならなかったのか?　1000円 G 312-1

*プロ秘書だけが知っている永田町の秘密　畠山宏一
出世と選挙がすべてのイマドキ議員たち。秘書歴30年の著者が国民必読情報を全部書く!　700円 G 313-1

人生格差はこれで決まる 働き方の損益分岐点　木暮太一
ベストセラー文庫化! 金持ち父さんもマルクスも自分の資産を積む生き方を教えていた　880円 G 314-1

*印は書き下ろし・オリジナル作品

表示価格はすべて本体価格(税別)です。本体価格は変更することがあります